냥냥이랑 어휘로 사회 쏙

이은경, 장순월 지음

초등 4·1

머리말 수업 시간이 만만해지는 즐거운 상상

학교는 재미있는데, 수업 시간은 좀 별로예요. 어렵고, 지루하고, 딱딱하고, 답답해요. 공부하기 싫어서 그런 것만은 아닌 것 같아요. 오늘은 열심히 해봐야지, 나도 공부 잘하고 싶어, 라고 굳게 결심한 날에도 수업 시간은 여전히 어렵고, 지루하고, 딱딱하고, 답답하거든요.

대체 나는 왜 이럴까요? 혹시 이런 고민해 본 적 있나요?

수업 시간이 지루하고 힘들어서 빨리 끝나기만을 바라는 우리 친구들의 딱한 표정을 안타깝게 바라보던 냥냥이 친구들이 있었어요. 이 친구들이 모두 모여 오랜 시간 고민한 끝에 드디어 그 이유를 찾아냈지요. 범인은 바로, 교과서 속 어휘! 어휘를 모르니 내용을 이해할 수 없는 거였어요.

우리 친구들이 보는 교과서에는 도저히 무슨 뜻인지 알 수 없는 어휘들이 툭툭 자꾸 튀어나와요. 이제 막 공부라는 것에 도전하려는 우리 친구들에게는 교과서 본문 속 어휘들이 너무나 낯설게 느껴졌을 거예요.

어휘의 뜻만 미리 알고 있었다면 척척 이해되고 기억되었을 내용인데, 겨우 그것 때문에 지금껏 교과서와 친구가 되지 못했다니 억울할 지경이에요.

그래서 냥냥이 친구들이 '짠' 하고 이렇게 나타났어요. 공부를 열심히 해서 시험도 백 점 맞고 싶고, 나만의 소중한 꿈도 이루고 싶고, 오래오래 기억될 훌륭한 사람이 되고 싶은 친구들을 위해 꼭 기억해야 할 어휘를 골라 주고, 설명해 주고, 교과서에서 찾아 주고, 퀴즈도 내줄 거예요. 어휘 공부가 끝나면 새롭게 알게 된 어휘를 내 것으로 만들어버릴 교재가 기다리고 있으니 활용해 보세요.

이제 냥냥이가 이끄는 대로 즐겁게 한 발씩 따라가기만 하면 돼요. 그럼 자연스럽게 수업 시간이 만만하고, 즐겁고, 시간이 후딱 지나가는 제법 해볼 만한 도전이 될 거예요.

새롭고 힘찬 새학년의 시작을 응원하며

냥냥이 친구들이

이 책의 구성과 특징

배울 개념어의
뜻을 설명한다.

02 노선도

1. 지역의 위치와 특성

기차, 버스, 지하철, 항공기 따위가 지나가는 곳을 표시한 지도

어휘교실

개념어가 한자어인 경우 그 음과 뜻을 알려 주고, 한자어가 아닌 경우 개념어의 어원이나 유래, 비슷한 말 따위를 설명한다.

여기서 두 정거장만 더 가면 도착!
너 지금 노선도를 반대로 보고 있는 건 알고 있지?

路	線	圖
길 로(노)	줄 선	그림 도

교과서에서
개념어가 사용된
문장을 알려 주어
개념어에 대한
이해를 높인다.

교과서 속 어휘찾기

- 우리가 자주 이용하는 지도에는 날씨 지도, 지하철 **노선도**, 관광 안내도, 길 도우미 지도 따위가 있다.
- 지하철 **노선도**는 역의 위치와 노선의 방향을 지도로 나타낸 것이다.

어휘친구를 부탁해!

노선도에는 경유지가 표시되어 있어!

아휴! 또 잘못 탔네. 서울 지하철 노선도는 너무 복잡해.

맞다냥! 나도 자주 잘못 타. 노선도에는 거쳐 지나는 경유지까지 모두 있어서 정말 헷갈려.

난 어디에서 경유해야 하는지 알 수 있어 더 좋던데!

개념어의 확장된 의미에 대해 알려 주어 개념어만 공부하는 것이 아니라 폭넓은 어휘를 학습할 수 있게 한다.

냥냥이와 퀴즈대결

1. 지하철이 지나는 곳을 알고 싶을 때 보는 것은?

① 세계 지도 ② 동화책 ③ 친구 얼굴 ④ 지하철

2. 노선도가 필요 <u>없는</u> 경우는?

① 옆집에 놀러 갈 때 ② 버스를 타고 도서관 갈 때
③ 지하철을 타고 놀이공원 갈 때 ④ 기차를 타고 할머니 댁 갈 때

간단한 형태의 퀴즈를 풀며 개념어를 이해했는지 확인한다.

괜찬냥의 하루

개념어를 사용한 재미있는 냥냥이들의 만화를 통하여 자연스럽게 개념어를 한번 더 인지시킨다.

냥냥이의 서술어 충전소

고려하다

부모님께 원하는 것을 사 달라고 말씀드렸을 때 바로 허락해 주시지 않아 속상했던 경험이 있을 거야. 그건 부모님께서도 고려해 볼 시간이 필요하기 때문이야. 생각하고 헤아려 보는 것이 바로 '고려하다'의 의미야.

서술어에 대한 뜻과 활용한 문장을 설명한다.

서술어 친구들

비슷한 말 | 반대말

생각하다

고려하다

따지다

헤아리다

서술어의 비슷한 말과 반대말을 알아본다.

개념어랑 서술어랑

산업, 중심지, 행정 + 고려하다

우리 지역의 중심지를 답사하기로 했다면 어디로 갈지 미리 고려해야 해. 만약 행정의 중심지로 간다면 시청, 도청, 교육청과 같은 곳을, 산업의 중심지로 간다면 회사, 공장과 같은 곳을 추천해!

각 단원에서 배운 개념어와 서술어를 조합하여 개념어와 서술어가 아우러진 문장을 학습한다.

차례

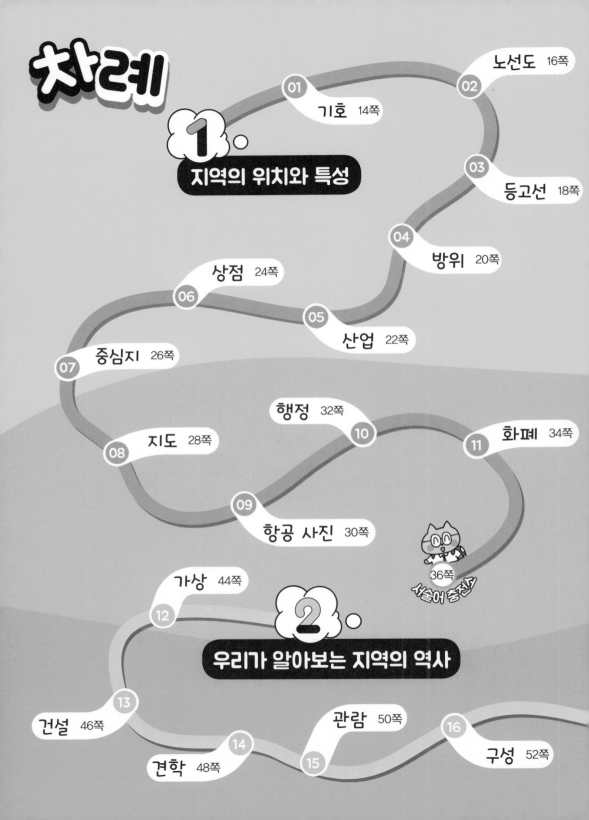

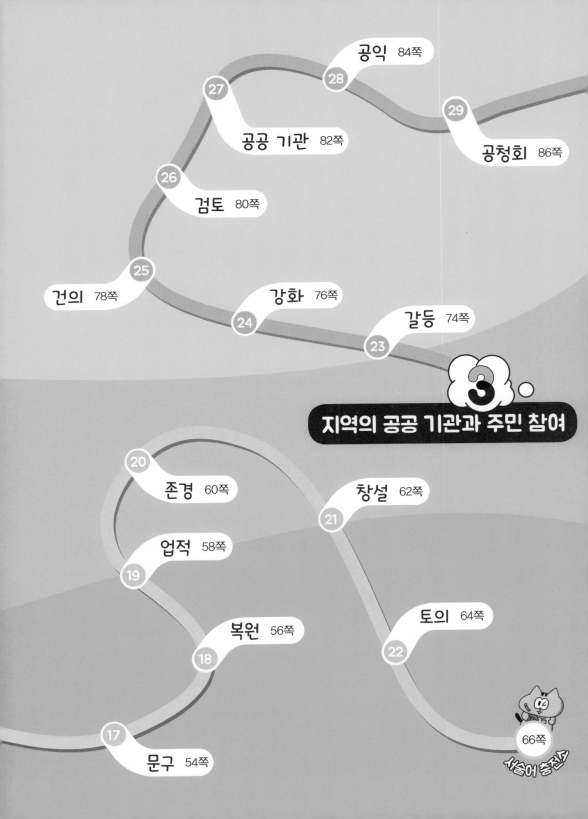

3. 지역의 공공 기관과 주민 참여

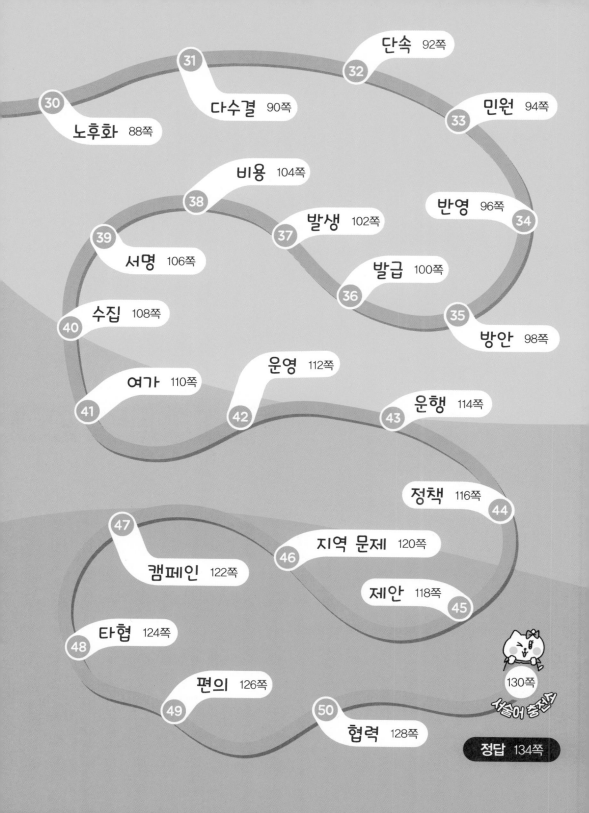

등장 인물 소개

괜찬냥

언제나 친구들을 먼저 따뜻하게 챙긴다.

친구에게 어려움이 있을 때 괜찮냐고 묻고 도와준다.

머라냥

친구들의 말을 열심히 안 듣고 있다가

나중에 엉뚱한 소리를 한다.

예뽀냥

예쁘고 발랄한 공주님 같은 고양이.

예쁜 것을 보면 정신을 못차리고 갖고 싶어 한다.

모르냥

잘 몰라서 새로운 내용이 나올 때마다 깜짝 놀란다.

친구들이 알려 주면 고마워한다.

알갓냥

똑똑하고 아는 게 많고 책을 좋아하고 자신감이 넘치고

잘난 척을 한다.

어쩌냥

사고를 치고 덜렁거리며 구멍이 많지만 해맑다.

일부러 그러는 건 아니지만 친구들에게 피해를 줄 때도 있다.

1. 지역의 위치와 특성

무엇을 배우나요?

1단원은 '(1) 지도로 본 우리 지역'과 '(2) 우리 지역의 중심지'라는 두 개의 소단원으로 되어 있어요. 먼저 지도의 기본 요소를 이해하여 지도 읽는 능력을 기르는 법을 배울 거예요. 그리고 다양한 중심지의 특성을 탐구하면서 우리가 사는 지역의 지리적 환경과 지역의 특성을 파악해 볼 거예요.

개 념 어

등고선

기호

화폐

노선도

상점

방위

지도

산업

항공 사진

중심지

행정

서 술 어

고려하다

나타내다

활용하다

방문하다

둘러보다

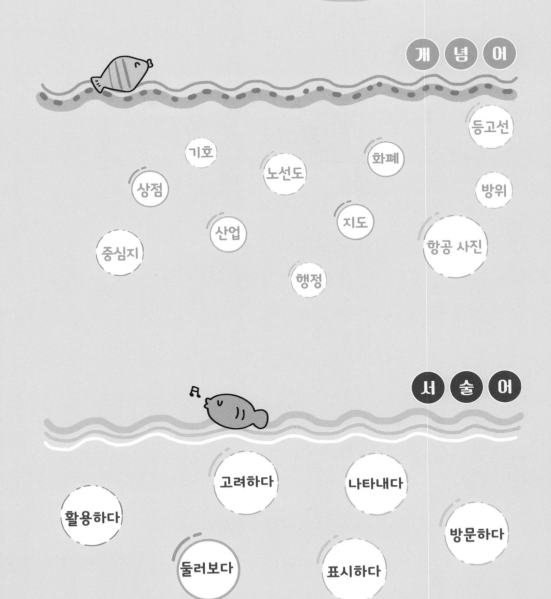

표시하다

01 기호

어떠한 뜻을 나타내기 위하여 쓰이는 부호, 문자, 표지 따위를 통틀어 이르는 말

어휘교실

記	號
기록할 기	이름 호

교과서 속 어휘찾기

- 지도를 그릴 때에는 중요하다고 생각하는 정보만을 선택하여 약속된 **기호**로 나타낸다.
- 지도마다 사용된 **기호**가 서로 다르면 사람들에게 혼란을 줄 수 있다.

어휘친구를 부탁해!

기호는 알겠는데 범례는 뭐지?

지도 속에 무슨 기호가 이렇게 많아? 난 암기는 정말 싫은데.

하하! 걱정 마. 지도에 쓰인 기호와 뜻을 한곳에 모아 놓은 범례라는 게 있어.

우아! 범례를 보면 외우지 않아도 기호들의 의미를 알 수 있겠다냥!

냥냥이와 퀴즈대결

1. 다음 중 기호의 연결이 바르지 않은 것은?

① 학교 – ② 산 – ▲ ③ 시청 – ◎ ④ 병원 –

2. 지도에서 기호 '…'가 나타내는 의미는?

① 우체국 ② 새 둥지 ③ 놀부의 제비 ④ 친구 집

머라냥의 하루

이거 산이지?
맞아. 기호는 실제 모습을 본떠서 만들거나 약속을 정해 만들기도 해.
이제부터 학교 기호는 !
아이고! 학교에 웬 번개랑 비?
뭐라냥! 내 맘.

02 노선도

기차, 버스, 지하철, 항공기 따위가 지나가는 곳을 표시한 지도

어휘교실

여기서 두 정거장만 더 가면 도착!
너 지금 노선도를 반대로 보고 있는 건 알고 있지?

路	線	圖
길 **로(노)**	줄 **선**	그림 **도**

교과서 속 어휘찾기

- 우리가 자주 이용하는 지도에는 날씨 지도, 지하철 **노선도**, 관광 안내도, 길 도우미 지도 따위가 있다.
- 지하철 **노선도**는 역의 위치와 노선의 방향을 지도로 나타낸 것이다.

어휘친구를 부탁해!

노선도에는 경유지가 표시되어 있어!

아휴! 또 잘못 탔네. 서울 지하철 노선도는 너무 복잡해.

맞다냥! 나도 자주 잘못 타. 노선도에는 거쳐 지나는 경유지까지 모두 표시되어 있어서 정말 헷갈려.

난 어디에서 경유해야 하는지 알 수 있어 더 좋던데!

냥냥이와 퀴즈대결

1. 지하철이 지나는 곳을 알고 싶을 때 보는 것은?

① 세계 지도 ② 동화책 ③ 친구 얼굴 ④ 지하철 노선도

2. 노선도가 필요 <u>없는</u> 경우는?

① 옆집에 놀러 갈 때 ② 버스를 타고 도서관 갈 때

③ 지하철을 타고 놀이공원 갈 때 ④ 기차를 타고 할머니 댁 갈 때

괜찬냥의 하루

03 등고선

지도에서 땅의 높이가 같은 곳을 연결하여 높낮이를 나타낸 선

어휘교실

찰흙으로
산의 높낮이를
나타내야지.
등고선으로
나타내면
되잖아.

等	高	線
무리 등	높을 고	줄 선

교과서 속 어휘찾기

- **등고선**은 지도에서 높이가 같은 곳을 연결하여 땅의 높낮이를 나타낸 선을 말한다.
- 지도에서는 **등고선** 이외에 색으로 땅의 높낮이를 나타낸다.

어휘친구를 부탁해!

일기 예보에서 등온선이라는 말이 나왔어. 등고선과 비슷한 건가?

등온선은 일기도에서 온도가 같은 지점을 연결하여 이은 선이야.

아하! 온도가 같은 지점. 그러면 네 얼굴에 주름은 뭘 연결한 거냥?

냥냥이와 퀴즈대결

1. 지도에서 땅의 높이가 같은 곳을 연결한 선은?

① 고등어 ② 등고선 ③ 우주선 ④ 직선

2. 등고선은 땅의 (넓이, 높낮이)를 나타낸 선이다.

모르냥의 하루

04 방위

한 기준의 방향에 대하여 나타내는 어떠한 쪽의 위치로, 지도에서의 방향은 동서남북으로 표시

어휘교실

이건 내가 만든 방위 춤!
북쪽 찍고, 남쪽 찍고,
동쪽 찍고, 서쪽 찍고!
북
서
동
남

方	位
모 **방**	자리 **위**

교과서 속 어휘찾기

- 방향을 나타내는 위치를 **방위**라고 하며, 지도에서는 동서남북의 방향을 **방위**표로 나타낸다.
- **방위**는 동, 서, 남, 북의 4**방위**로 나타내거나 더 자세하게 나누어 8**방위**로 나타내기도 한다.

어휘친구를 부탁해!

방위와 방위표는 뭐가 다르지?

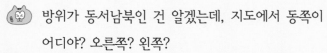

방위가 동서남북인 건 알겠는데, 지도에서 동쪽이 어디야? 오른쪽? 왼쪽?

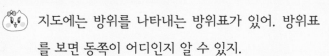

지도에는 방위를 나타내는 방위표가 있어. 방위표를 보면 동쪽이 어디인지 알 수 있지.

방위표

그러고 보니 내 방은 서쪽에 있네! 그래서 내가 여태까지 매일 늦잠을 잔 거로군, 하하!

냥냥이와 퀴즈대결

1. 지도에서 방향의 위치를 정확히 알려 주려고 사용하는 것은?

① 방위 ② 방학 ③ 방석 ④ 방귀

2. 지도에서 방위가 아닌 것은?

① 동 ② 서 ③ 남 ④ 녀

예뽀냥의 하루

05 산업

인간의 생활을 경제적으로 풍요롭게 하기 위해 물건을 생산하는 일

어휘교실

産	業
낳을 **산**	업 **업**

교과서 속 어휘찾기

- 회사와 공장이 많이 모여 있는 곳은 **산업**의 중심지이고, 백화점, 할인 매장이 있는 곳은 상업의 중심지이다.
- 구미시와 포항시에는 **산업** 단지가 형성되어 공장에서 일하는 사람들이 많이 모인다.

어휘친구를 부탁해!

산업과 상업은 글자가 비슷해서 더 헷갈려. 혹시 뜻도 비슷해?

'산업'은 무엇인가를 만들어 내는 일을 말하고, '상업'은 상품을 사고팔면서 이익을 얻는 일을 말해.

만드는 것은 산업, 사고파는 것은 상업!

오호! 금방 이해하는군! 넓은 의미로 상업을 산업에 포함시키기도 한다냥.

냥냥이와 퀴즈대결

1. 공장이나 회사가 모여 있는 곳은 무엇이 발달한 곳인가?

① 산업　　② 농업　　③ 수산업　　④ 임업

2. 산업이 발달한 곳에서 많이 볼 수 <u>없는</u> 것은?

① 산　　② 회사　　③ 사람　　④ 공장

괜찬냥의 하루

06 상점

일정한 시설을 갖추고 물건을 파는 곳

어휘교실

옷
24시
FOOD
난 상점이 많은 곳에 오면 기분이 좋아.
돈은 있고?

商 店

장사 **상** 가게 **점**

교과서 속 어휘찾기

- 높은 건물들이 많고 다양한 **상점**과 병원, 식당이 모여 있다.
- 중심지에는 물건을 사고파는 **상점**이 많고, 기차역이나 버스 터미널과 같은 편리한 교통 시설이 있다.

상점과 가게는 같은 곳?

내가 물건을 사러 상점에 간다고 했더니, 예뻐냥이 가게에 가는 거 아니냐고 묻더라? 같은 말 아니냥?

하하! '가게'는 작은 규모로 물건을 파는 집이라는 뜻이 있어. 상점과 크게 의미가 다르지 않으므로 둘 다 맞는 표현이지.

그럼 난 뭐든지 대형이 좋으니까 상점에 가는 걸로 해 줘.

냥냥이와 퀴즈대결

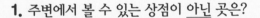

1. 주변에서 볼 수 있는 상점이 아닌 곳은?

① 생선 파는 곳 ② 신발 파는 곳 ③ 옷 파는 곳 ④ 꿈 파는 곳

2. 상점에 물건을 사러 오는 사람을 뜻하는 말은?

① 점원 ② 손님 ③ 냥냥이 ④ 학생

어쩌냥의 하루

07 중심지

고장이나 지역에서 생활에 필요한 여러 기관과 시설이 모여 있는 곳

어휘교실

中	心	地
가운데 **중**	마음 **심**	땅 **지**

교과서 속 어휘찾기

- 고장이나 지역에 대표하는 시설과 사람들이 모이는 까닭이 달라 다양한 **중심지**가 발달한다.
- 고장 사람들은 필요한 것을 구하거나 여러 시설을 이용하려고 지역의 다양한 **중심지**에 가기도 한다.

어휘친구를 부탁해!

중심지에서 벗어나면 변두리?

중심지에 살다 보니 사람도 많고 차도 많아서 피곤할 때가 많아.

난 중심지에서 좀 멀어진 변두리에 사니까 한적해서 좋아.

변두리는 어떤 지역의 가장자리를 뜻하니까 중심지의 반대라고 생각해도 될 것 같아.

나도 조용한 너희 동네에 가서 같이 놀고 싶다냥!

냥냥이와 퀴즈대결

1. 지역에 필요한 여러 기관과 시설이 모여 있는 곳을 (중심지, 변두리)라고 한다.

2. 중심지를 찾는 방법이 아닌 것은?

① 친구가 조사할 때까지 기다리기
② 인터넷 지도 찾아보기
③ 어른들께 여쭤 보기
④ 도서관에서 지도 살펴보기

예뽀냥의 하루

08 지도

위에서 내려다본 땅의 실제 모습을 일정하게 줄여 약속된 기호로 평면에 나타낸 그림

어휘교실

방학 때
냥냥이 친구들과
제주도 가자!
그건 좋은데,
지도는 바르게 놓고
보는 게 어때?

地	圖
땅 **지**	그림 **도**

교과서 속 어휘찾기

- 지도를 이용하면 내가 알고 싶은 곳의 위치를 알 수 있고, 모르는 장소도 쉽게 찾아갈 수 있다.
- 지도는 정해진 약속에 따라 그려야 한다.

어휘친구를 부탁해!

지도를 그릴 때 축척이 필요하다고?

아무래도 의심스러워. 지도는 이렇게나 작은데 정확하다는 게 이상하지 않냥?

지도는 축척을 이용해서 정확히 그려. 축척은 지도를 그릴 때 넓은 땅을 그대로 그릴 수 없으니 일정한 비율로 줄여서 그리는 것을 말해. 지도에서 1cm가 실제 거리로 얼마인지를 나타내 주지.

아하! 지도와 축척은 세트 메뉴구나!

냥냥이와 퀴즈대결

1. 우리 지역의 지도를 보면 미국에 살고 있는 친구의 집을 찾을 수 있다. (O, X)

2. 지도에서 일정한 비율로 줄여서 그리는 것을 뜻하는 말은?

① 축하 ② 축척 ③ 축구 ④ 축제

알갓냥의 하루

09 항공 사진

항공기에서 지상의 모습을 찍은 사진

어휘교실

나는
어디 있지?
실제 모습이
그대로 나타나는 항공
사진이라고 해도, 너를
찾긴 힘들어.

航	空	寫	眞
배 **항**	빌 **공**	베낄 **사**	참 **진**

교과서 속 어휘찾기

- 하늘에서 찍은 **항공 사진**을 보면 넓은 땅의 모습을 한눈에 볼 수 있다.
- **항공 사진**에는 장소의 이름이 나와 있지 않아 알아보기가 어렵다.
- **항공 사진**으로 땅의 실제 모습을 확인할 수 있다.

어휘친구를 부탁해!

항공 사진 말고 수중 사진!

내가 네 사진을 멋지게 찍어 줄 테니, 비행기 좀 구해 줘.

뭐? 비행기? 사진 찍는데 비행기라니…….

비행기를 타고 공중에서 찍은 사진을 항공 사진이라고 한다며? 그래서 내가 비행기를 타고 너의 항공 사진을 찍겠어.

그렇다면 비행기는 구하기 어려우니, 수중 사진으로 찍어 줘. 자, 바다에 입수!

냥냥이와 퀴즈대결

1. (　　　　) 사진은 비행 중인 항공기에서 땅 위의 모습을 찍은 것이다.

2. 다음 중 항공 사진으로 알 수 있는 것은?

① 땅의 모습　　② 산의 높이　　③ 계절의 변화　　④ 바다의 깊이

예뻐냥의 하루

10 행정

정치나 사무적인 일을 행함. 국민을 위해 공공의 일들을 처리함

어휘교실

行 다닐 **행**

政 정사 **정**

교과서 속 어휘찾기

- 전라남도의 다양한 중심지를 살펴보고 **행정**, 상업, 산업, 관광이 발달한 곳이 어디인지 알아본다.
- **행정**의 중심지인 무안군에는 도청, 교육청 따위의 시설들이 모여 있고, 지역 사람들이 **행정** 업무를 처리하려고 모인다.

어휘친구를 부탁해!

행정 복지 센터는 뭐 하는 곳이야?

엄마께서 행정 복지 센터에 가신다는데, 그곳이 뭐 하는 곳인지 알아?

행정 복지 센터는 그 지역 주민들의 생활을 도와주는 일을 해. 생활이 어려운 사람도 돕고, 각종 증명서도 발급해 줘. 아이가 태어나거나 이사를 하면 신고도 하고.

엄마는 참! 행정 업무는 내가 전문인데, 하하!

뭐라냥? 방금 행정 복지 센터가 뭐냐고 내게 물었던 것 같은데!

냥냥이와 퀴즈대결

1. 사무적인 일을 행하는 것을 뜻하는 말은?

① 행복　　② 행사　　③ 행주　　④ 행정

2. 행정의 중심지에서 볼 수 <u>없는</u> 것은?

① 시청　　② 도청　　③ 교육청　　④ 심청

모르냥의 하루

11 화폐

상품의 교환 가치를 나타내는 동전, 지폐 따위를 통틀어 이르는 말

어휘교실

貨	幣
재물 화	화폐 폐

교과서 속 어휘찾기

- 우리나라 **화폐**에 문화유산이 들어 있는 까닭을 생각해 본다.
- **화폐**에 지역의 이름을 쓰고 역사적 인물의 모습과 관련된 물건, 장소를 그림으로 그려 넣어 지역 **화폐**를 만든다.

종이로 만든 지폐와 구리 · 은 · 니켈 따위의 합금으로 만든 동전까지 모두 화폐라고 하는구나?

응. 난 1000원짜리 지폐 4장이랑 500원짜리 동전 2개가 있어.

난 5000원짜리 지폐 한 장이 있는데.

화폐의 종류는 다르지만, 우린 각자 5000원이 있는 거네.

냥냥이와 퀴즈대결

1. 다음 중 종류가 다른 우리나라 화폐는?

① 만 원　　② 오천 원　　③ 천 원　　④ 오백 원

2. 상품의 교환 가치를 나타내는 동전, 지폐 따위를 통틀어 이르는 말은?

① 화폐　　② 돌멩이　　③ 음식　　④ 카드

모르냥의 하루

냥냥이의 서술어 충전소

고려하다

부모님께 원하는 것을 사 달라고 말씀드렸을 때 바로 허락해 주시지 않아 속상했던 경험이 있을 거야. 그건 부모님께서도 고려해 볼 시간이 필요하기 때문이야. 생각하고 헤아려 보는 것이 바로 '고려하다'의 의미야.

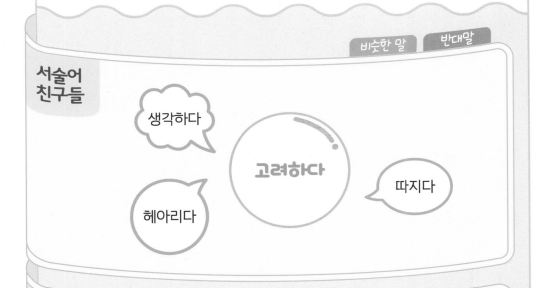

비슷한 말 반대말

서술어 친구들

고려하다

생각하다

헤아리다

따지다

개념어랑 서술어랑

산업, 중심지, 행정 + 고려하다

우리 지역의 중심지를 답사하기로 했다면 어디로 갈지 미리 고려해야 해. 만약 행정의 중심지로 간다면 시청, 도청, 교육청과 같은 곳을, 산업의 중심지로 간다면 회사, 공장과 같은 곳을 추천해!

나타내다

가끔 답을 알고는 있는데 정확하게 표현하지 못하는 경우가 있지? 내 머릿속에 있는 생각을 구체적으로 드러내고 싶은데 말이야. 구체적으로 표현하다, 즉 '나타내다'를 모두 잘할 수 있길 바라.

서술어 친구들

비슷한 말 | 반대말

나타내다

- 알리다
- 드러내다
- 표현하다
- 숨기다
- 덮다

개념어랑 서술어랑

등고선, 지도 + 나타내다

등고선을 보면 땅의 높낮이를 알 수 있어. 등산할 곳을 고를 때에도 지도에 나타낸 등고선을 보고 나에게 적당한 높이의 산을 선택하면 좋아. 내 체력도 생각하지 않은 채 높은 산에만 간다고 좋은 게 아니라는 말씀!

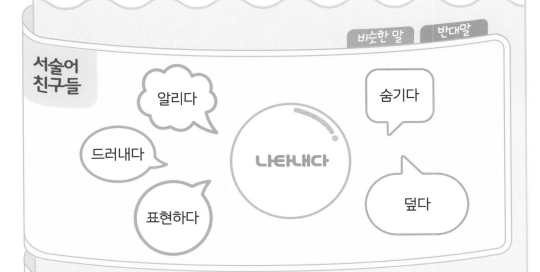

둘러보다

놀이동산에서 즐겁게 놀았던 경험, 다들 있지? 어떤 놀이기구를 탈지, 어떤 간식을 먹을지 이리저리 살펴보게 되잖아. 이렇게 주위를 이리저리 두루 살펴보는 것을 '둘러보다'라고 표현해.

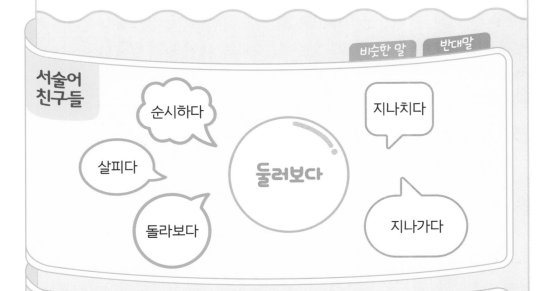

비슷한 말 반대말

서술어 친구들

둘러보다

- 순시하다
- 살피다
- 돌라보다
- 지나치다
- 지나가다

개념어랑 서술어랑

항공 사진 + 둘러보다

항공 사진은 정말 멋져! 하늘에서 내려다보며 땅의 모습을 찍은 것이어서 지상에서 주위를 둘러보는 것과는 차원이 달라. 항공 사진을 보고 있으면 마치 비행기를 타고 있는 듯한 기분이 들지.

방문하다

추석이나 설날이면 멀리 떨어져 있는 가족을 만나러 가는 친구들이 있지? 어떤 사람이나 장소를 찾아가서 보거나 만나는 것을 '방문하다' 라고 해. 누군가 내게 찾아오는 것이 아니라 찾아가는 것! 알겠지?

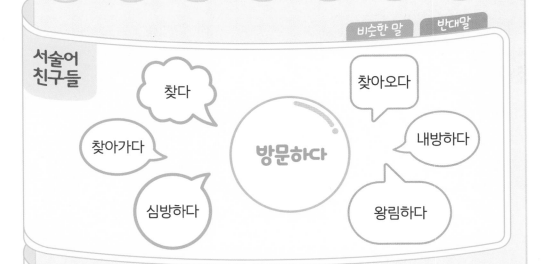

비슷한 말 | 반대말

서술어 친구들

방문하다

찾다

찾아가다

심방하다

찾아오다

내방하다

왕림하다

개념어랑 서술어랑

상점, 중심지, 화폐 + 방문하다

필요한 물건을 비교하며 고르고 싶다면 상업의 중심지를 방문해 봐. 여러 상점이 많이 모여 있으니 신나게 쇼핑을 즐길 수 있을 거야. 참! 지갑에 화폐를 넉넉히 준비해 가는 것도 잊지 마!

표시하다

가끔 미술 시간에 작품이 무척 멋지게 완성되는 날이 있어. 그런 날에는 선생님께서 사물함에 올려놓으라고 하셔도, 잘 만든 내 작품을 겉으로 드러내 보이고 싶지! 이렇게 겉으로 드러내 보이는 걸 '표시하다'라고 해.

서술어 친구들

비슷한 말 / 반대말

표시하다

- 비슷한 말: 나타내다, 표현하다, 표하다
- 반대말: 감추다, 가리다, 엄폐하다

개념어랑 서술어랑

기호, 방위, 지도 + 표시하다

지도에는 대부분 방위가 표시되어 있어서 쉽게 동서남북을 알 수 있어. 기호도 표시되어 있어서 그 지역의 환경과 시설들을 알 수 있지. 자! 지도에 어떤 기호들이 숨어 있는지 숨은그림찾기를 해 볼까?

활용하다

책이 무척 재미있어서 틈틈이 읽었더니 하루 만에 다 읽었어. 얇은 책도 아니었는데 말이야. 시간을 충분히 잘 이용하였으니 시간을 잘 '활용하다'라고 말할 수 있지. 다른 것도 잘 활용해 볼까?

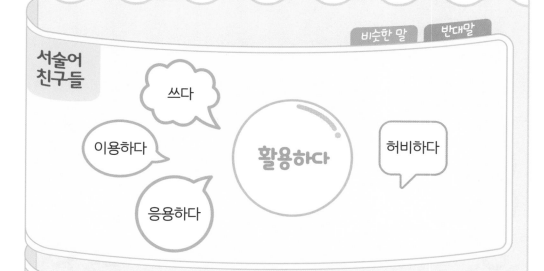

서술어 친구들

비슷한 말 / 반대말

활용하다

- 비슷한 말: 쓰다, 이용하다, 응용하다
- 반대말: 허비하다

개념어랑 서술어랑

노선도, 산업 + 활용하다

산업이 발달한 곳은 사람도 많고 차도 많을 테니 지하철을 이용해서 가는 게 더 나을 것 같아. 지하철을 잘못 타거나 잘못 내릴까 봐 긴장은 되지만, 노선도를 활용하면 무사히 도착할 수 있을 거야.

2. 우리가 알아보는 지역의 역사

무엇을 배우나요?

2단원은 '(1) 우리 지역의 문화유산'과 '(2) 우리 지역의 역사적 인물'이라는 두 개의 소단원으로 이루어져 있어요. 조사 학습이나 현장 학습을 통해 우리 지역을 대표하는 문화유산을 알아보고, 우리 지역과 관련된 자랑스러운 역사적 인물을 조사하는 활동을 해요.

개념어

관람 가상 구성 건설 견학 복원 업적 존경 문구 토의 창설

서술어

배치하다 엿보다 대항하다 전시하다 여기다 일으키다

12 가상

사실이 아니거나 존재하지 않는 것을 사실이거나 실제로 있는 것처럼 생각함

어휘교실

假 거짓 가

想 생각 상

교과서 속 어휘 찾기

- 부산광역시에 사는 찬우는 조선 시대의 과학자 장영실과 **가상** 면담을 나누었다.
- 민국이와 수진이는 정약용의 일생을 바탕으로 정약용을 소개하는 **가상** 인터뷰를 하였다.

난 매일 우주 여행 가는 상상을 해.

그럼 가상 현실 체험을 해 봐. '상상'이 마음속으로 그려 보는 거라면, '가상'은 한 단계 더 나아가 실제로 있는 것처럼 느껴지거든.

우아! 상상하던 것을 가상 현실 세계에선 직접 체험할 수 있는 거네! 당장 우주 여행 가상 체험관을 찾아봐야겠다냥!

냥냥이와 퀴즈대결

1. 존재하지 않는 것을 실제로 있는 것처럼 생각하는 것은?

① 이상 ② 상상 ③ 현상 ④ 가상

2. 다음 중 가상 면담을 해야 하는 사람은?

① 담임 선생님 ② 내 친구 ③ 세종대왕 ④ 우리 가족

알갓냥의 하루

13 건설

건물이나 건축물, 시설 따위를 새로 만들어 세움

어휘교실

建	設
세울 **건**	베풀 **설**

교과서 속 어휘찾기

- 정약용은 수원 화성을 **건설**할 때 거중기로 무거운 돌을 들어 올릴 수 있게 하였고, 유형거라는 수레를 사용하여 무거운 짐을 쉽게 나를 수 있게 하였다.
- 거중기와 같은 기계를 만들어 수원 화성 **건설**에 이바지하였다.

건설과 건축의 차이

엄마가 그러는데 우리 집을 새로 건설할 거래.

건설이 아니라 건축이겠지! '건축'은 아파트나 주택과 같은 건물을 짓는 것을 말하고, '건설'은 건물뿐 아니라 도로, 터널, 다리 따위를 모두 포함한 말이야. 건설이 건축보다 더 큰 뜻이지!

하하! 뭐 집에 터널까지 건설하면 되지.

냥냥이와 퀴즈대결

1. 건물이나 건축물, 시설 따위를 새로 만들어 세우는 것은?

① 건설하다　② 건강하다　③ 건방지다　④ 건조하다

2. 다음 중 건설하는 것이 <u>아닌</u> 것은?

① 아파트　② 도로　③ 다리　④ 책가방

알갓냥의 하루

벌써 도착했어?
새로 건설한 도로로 오니 금방 오더라고.
넌 어쩜 그렇게 모르는 게 없니? 내가 제일 예쁘다는 것도 알고 있지?
외면..

14 견학

어떤 장소를 직접 방문하여 실제로 보고 그 일에 관한 구체적인 지식을 배움

어휘교실

멋진 미술 작품을 감상할 생각에 신이 나.
혹시 나 볼 생각?
미술관

見	學
볼 견	배울 학

교과서 속 어휘찾기

- 공공 기관 **견학**을 하기 전에 누리집 또는 전화 상담으로 **견학**을 신청하고, 가는 방법을 확인한다.
- **견학**할 때에는 수첩, 필기도구, 사진기 따위의 준비물이 필요하다.

어휘친구를 부탁해! 견학, 백문이 불여일견!

동물원 견학은 항상 즐겁다냥. 동물을 직접 볼 수 있잖아.

백문이 불여일견이라고 했지.

뭐, 뭐라고?

백 번 듣는 것이 한 번 보는 것보다 못하다는 말이야. 직접 경험해야 확실히 알 수 있다는 뜻이지. 백문이 불여일견!

냥냥이와 퀴즈대결

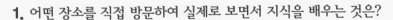

1. 어떤 장소를 직접 방문하여 실제로 보면서 지식을 배우는 것은?

① 소풍　　② 견학　　③ 나들이　　④ 물놀이

2. 박물관은 견학하기 좋은 장소이다. (O, X)

어쩌냥의 하루

15 관람

연극이나 영화, 운동 경기, 미술품 따위를 구경함

어휘교실

觀	覽
볼 관	볼 람(남)

교과서 속 어휘찾기

- 문화유산을 **관람**할 때 지켜야 할 예절이 있다.
- 박물관을 **관람**할 때에는 박물관 **관람** 규칙을 지켜야 한다.
- 박물관 **관람**은 우리 문화를 익히고 체험하는 데에 좋은 기회가 된다.

어휘친구를 부탁해! 관람과 관광은 어떻게 다른 거야?

부산에 볼거리, 먹거리가 많다며? 그래서 방학 때 부산 관람을 할 생각이야.

다른 지방이나 다른 나라에 가서 그곳의 풍경, 풍습 따위를 구경하는 건 '관광'이라고 해. 관람과는 의미가 다르지.

쳇! 실수한 걸 가지고. 부산 관광을 하면서, 부산에 있는 야구장에 들러 야구 관람도 할거야. 부럽지?

냥냥이와 퀴즈대결

1. 미술품 관람을 위해 가는 곳은?

① 영화관 ② 미술관 ③ 축구장 ④ 공연장

2. 영화 관람을 할 때 지켜야 할 예절이 <u>아닌</u> 것은?

① 앞좌석을 차지 않는다.
② 휴대 전화는 무음으로 한다.
③ 큰 소리로 떠들지 않는다.
④ 옆 사람에게 팝콘을 나눠 준다.

예뻐냥의 하루

16 구성

몇 가지 부분이나 요소들을 모아서 일정한 전체를 만듦

어휘교실

構 成

얽을 구 / 이룰 성

교과서 속 어휘찾기

- 모둠별로 소개 자료를 어떻게 구성할지 토의한다.
- 조사 보고서에는 새롭게 알게 된 점과 더 알고 싶은 점, 느낀 점 따위가 들어가게 구성한다.

어휘친구를 부탁해!

우리 팀이 이기려면 작전을 어떻게 구성해야 할까?

작전은 구성이 아니라 구상이 더 적절할 것 같아. '구상'은 앞으로 하려는 일의 내용이나 과정을 이러저리 생각한다는 뜻이거든. 팀을 누구로 구성해야 좋을지, 작전은 어떻게 구상할 것인지…….

잘난 척은! 작전 구상도 하기 전에 벌써 머리가 아프네.

냥냥이와 퀴즈대결

1. 몇 가지 부분이나 요소들을 모아서 일정한 전체를 만드는 것은?

① 구구단 ② 구멍 ③ 구성 ④ 구름

2. 역사적 인물 소개 자료를 구성할 때 꼭 필요한 내용은?

① 인물의 혈액형 ② 인물이 한 일

③ 인물의 잠버릇 ④ 인물이 좋아하던 연예인

모르냥의 하루

17 문구

글을 이루고 있는 구절

어휘교실

뭐하는 거야?
이런 감동적인 문구는 몸에 적어야 해.

文	句
글월 문	글귀 구

교과서 속 어휘찾기

- 문화유산 홍보 포스터에는 문화유산이 잘 드러나는 그림이나 사진, 짧은 문구 따위가 들어 있어 문화유산의 특징을 한눈에 볼 수 있다.
- 학교 주변의 문제 해결을 위한 캠페인에 사용할 문구를 만들어 본다.
- 문구를 담을 수 있는 그림을 구상해 본다.

어휘친구를 부탁해! 문구와 명언은 뭐가 다를까?

'아는 것이 힘이다'라는 문구 아냥?

베이컨이 한 명언이잖아. 이런 말처럼 사리에 맞는 훌륭한 말, 널리 알려진 말은 문구를 넘어 명언이라고 해.

난 누가 한 말인지는 몰랐는데. 아는 것이 힘이라는 말은 지금 너에게 딱 어울리는 명언이네.

냥냥이와 퀴즈대결

1. 글을 이루고 있는 구절을 (문구, 문구점)(이)라고 한다.

2. 부모님께 드릴 편지에 쓸 문구로 적당하지 않은 것은?

① 엄마, 사랑합니다. ② 아빠, 건강이 최고!

③ 아빠, 선물 사 주세요. ④ 엄마, 힘내세요.

어쩌냥의 하루

18 복원

사물을 원래 상태로 되돌려 회복함

어휘교실

復	元
회복할 복	으뜸 원

교과서 속 어휘찾기

- 문화재 수리 기술자는 조상의 지혜가 담긴 문화유산을 오래도록 지키고자 문화유산을 수리하고 **복원**하는 일을 한다.
- 예전에 문화재가 놓였던 정확한 위치를 알 수 없어 **복원** 작업이 늦어지고 있다.

어휘친구를 부탁해!

복원하는 것과 복구하는 것?

이번 주말에 태풍으로 무너진 담벼락을 복원해야 해.

너희 집 담벼락이 무슨 문화재냐, 복원을 하게? 복구겠지.

복원이랑 복구가 어떻게 다르냥?

'복구'는 손상되기 이전의 상태로 회복되게 한다는 말이라 두 경우에 모두 사용할 수 있어. 하지만 '복원'은 문화재나 건물 따위를 대상으로 사용하는 말이라 무너진 담벼락을 복원한다고 하진 않지.

냥냥이와 퀴즈대결

1. 사물을 원래 상태로 되돌려 회복하는 것을 뜻하는 말은?

① 복제 ② 복사 ③ 복수 ④ 복원

2. 다음 중 복원해야 하는 것은?

① 훼손된 경복궁 ② 엎질러진 물 ③ 찢어진 청바지 ④ 부러진 연필

괜찬냥의 하루

19 업적

일이나 사업, 연구 따위에서 이루어 낸 성과

어휘교실

業	績
업 **업**	길쌈할 **적**

교과서 속 어휘찾기

- 인물 소개 자료를 만들 때는 역사적 사실을 바탕으로 하여 만들고, 인물의 일생과 **업적**이 잘 드러나도록 해야 한다.
- 정약용의 **업적**을 알아본다.

어제 벼룩시장에서 업적이 좋았어. 하하!

업적이라니. 실적이겠지.

뭐가 다르냥?

'실적'은 어떤 일을 통해 실제로 이룬 업적이나 공적을 말해. 업적과 사전적 의미가 크게 다르지는 않지만, 우리는 위인들이 이룩한 일을 주로 업적이라고 해. 실적은 판매 실적, 수출 실적 따위를 나타낼 때 주로 사용하지.

냥냥이와 퀴즈대결

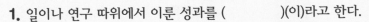

1. 일이나 연구 따위에서 이룬 성과를 (　　　　　)(이)라고 한다.

2. 위인과 업적의 연결이 바르지 않은 것은?

① 세종대왕 – 한글 창제　　② 이순신 – 거북선 제작

③ 유관순 – 독립운동　　④ 신사임당 – 신사복 재단

머라냥의 하루

20 존경

남의 인격, 생각, 행동 따위를 우러러 받듦

어휘교실

세종대왕은 많은 사람들이 존경하는 분이지.
測雨器
맞다냥!

尊	敬
높을 **존**	공경 **경**

교과서 속 어휘찾기

- 역사적 인물은 나라를 지키고 발전시키고자 노력한 인물로, 많은 사람들의 **존경**을 받는다.
- 우리 지역의 역사적 인물을 **존경**하게 되었다.
- 서원은 **존경**하는 선생님을 기리며 공부하는 곳이다.

어휘친구를 부탁해!

존경하고, 공경하고

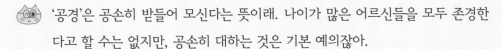

'공경'은 공손히 받들어 모신다는 뜻이래. 나이가 많은 어르신들을 모두 존경한다고 할 수는 없지만, 공손히 대하는 것은 기본 예의잖아.

난 우리 할아버지를 존경하니까, 더욱 공경해야겠다.

나도 우리 부모님을 존경하고 또 공경하지. 난 동방예의지국의 후손이잖냥.

냥냥이와 퀴즈대결

1. 다른 사람의 생각, 행동 따위를 우러러 받드는 것은?

① 존경 ② 안경 ③ 구경 ④ 상경

2. 내가 가장 존경하는 인물은 (　　　　　)이다.

머라냥의 하루

21 창설

기구, 단체, 조직 따위를 처음으로 설치하거나 세움

어휘교실

創 비롯할 **창**

設 베풀 **설**

교과서 속 어휘찾기

- 권기옥은 중국 공군에 복무하며 우리나라 독립을 위해 일본에 대항했다. 광복 후 귀국해서는 우리나라 공군 **창설**에도 힘을 기울였다.
- 어려운 학생들을 위한 장학 재단을 **창설**하여 학생들의 학업을 돕는다.

창설? 창립? 헷갈려!

우리 말에는 비슷한 말들이 너무 많아서 헷갈릴 때가 있어. 창설과 창립은 어떤 차이가 있어?

둘 다 기관이나 단체를 세운다는 의미가 있으므로 별 차이가 없긴 해. 하지만 '창설'은 군대나 부대에 사용되는 경우가 많고, '창립'은 학교나 연구소에 사용되는 경우가 많아.

난 어른이 되면 놀기만 하는 학교를 창립할 거다냥!

냥냥이와 퀴즈대결

1. 학교 스포츠 부서로 창설하기에 알맞지 <u>않은</u> 것은?

① 배드민턴부　② 태권도부　③ 농구부　④ 가정부

2. 나라의 독립을 위해 광복군이 (창설, 창조)되었다.

예뽀냥의 하루

22 토의

어떤 문제에 대하여 함께 검토하고 협의함

어휘교실

討 칠 토

議 의논할 의

교과서 속 어휘찾기

- 모둠 친구들과 **토의**하여 답사할 문화유산을 정하였다.
- 우리 모둠은 조사한 내용을 바탕으로 하여 지역의 역사적 인물을 소개하는 자료를 어떻게 구성할지 **토의**하였다.

어휘친구를 부탁해!

토의? 토론? 어떻게 다르지?

현장 체험 학습을 어디로 가면 좋을지 함께 토론하자.

토론이 아니라 토의를 해야지.

뭐가 다르냥?

'토론'은 보통 찬성과 반대의 입장에서 상대방을 설득하는 것이 목적이야. '토의'는 어떤 문제에 대하여 검토하고 협의하는 것이고.

냥냥이와 퀴즈대결

1. 해결해야 할 문제에 대해 함께 검토하고 협의하는 것은 (토의, 토론)이다.

2. 다음 중 토의 주제로 알맞은 것은?

① 탕수육, 부먹? 찍먹?
② 교실을 깨끗이 하는 방법은?
③ 학원은 꼭 다녀야 할까?
④ 주말에는 꼭 씻어야 할까?

모르냥의 하루

냥냥이의 서술어 충전소

대항하다

뉴스에서 무기를 든 강도와 맞선 용감한 시민 이야기를 들어 본 적 있니? 어려운 상황 속에서도 굽히거나 지지 않으려고 맞서서 버티는 것, 이것을 '대항하다' 라고 표현해.

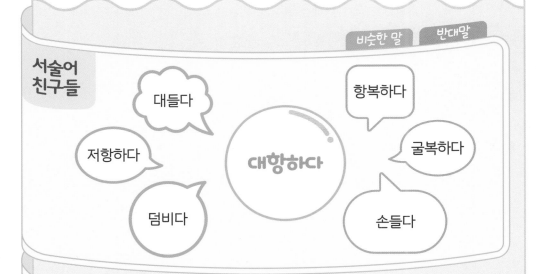

서술어 친구들

비슷한 말 | 반대말

대항하다

- 대들다
- 저항하다
- 덤비다
- 항복하다
- 굴복하다
- 손들다

개념어랑 서술어랑

업적, 존경 + 대항하다

난 우리나라 독립을 위해 노력했던 안중근 의사를 존경해. 일본의 이토 히로부미를 저격한 사건은 잘 알려진 그의 업적이지. 죽음도 두려워하지 않고 일본에 대항했던 안중근 의사의 애국심을 본받고 싶어.

배치하다

도서관에 갔더니 책들이 종류별로 꽂혀 있어서 찾기가 참 쉬웠어. 일정한 차례나 간격에 따라 알맞게 나누어 두는 것을 '배치하다'라고 하는데, 역시나 도서관의 책들은 잘 배치되어 있네.

비슷한 말 | 반대말

서술어 친구들

배치하다

- 나누어 두다
- 배정하다
- 안배하다

개념어랑 서술어랑

구성, 문구 + 배치하다

우리 지역 소개 신문을 만들기 위해 사진 자료들을 모으는 중이야. 인상적인 문구도 적고, 사진 자료도 적절하게 배치하여 멋지게 구성할 거야.

여기다

시키지도 않았는데 주말 내내 책을 읽고, 방을 청소하고, 설거지까지 한다면 부모님은 어떻게 생각하실까? 아마 기특하게 여기실 거야. '여기다'는 마음속으로 그러하다고 인정하거나 생각한다는 말이야.

비슷한 말 | 반대말

서술어 친구들

여기다

간주하다

생각하다

알다

개념어랑 서술어랑

토의 + 여기다

요즘 일회용 쓰레기가 너무 많이 배출되고 있어서 줄일 수 있는 방법에 대해 토의했어. 여러 의견 중 배달 음식을 줄이자는 것이 내가 지금 바로 실천할 수 있는 의견이라고 여겨졌어.

엿보다

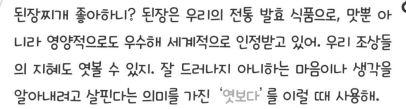

된장찌개 좋아하니? 된장은 우리의 전통 발효 식품으로, 맛뿐 아니라 영양적으로도 우수해 세계적으로 인정받고 있어. 우리 조상들의 지혜도 엿볼 수 있지. 잘 드러나지 아니하는 마음이나 생각을 알아내려고 살핀다는 의미를 가진 '엿보다'를 이럴 때 사용해.

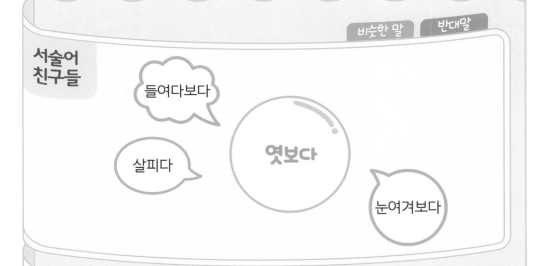

서술어 친구들

비슷한 말 반대말

엿보다

들여다보다

살피다

눈여겨보다

개념어랑 서술어랑

가상, 건설, 견학 + 엿보다

경주에 있는 불국사를 견학했어. 그 옛날에 불국사를 건설한 우리 조상들의 뛰어난 기술과 우리의 오랜 역사를 엿보는 시간이었지. 다보탑이나 삼층석탑 세우기 가상 체험이 있다면 해 보고 싶어.

일으키다

우리 몸에 병을 일으키는 세균들은 손을 깨끗이 씻으면 예방할 수 있대. 여기서 '일으키다' 는 무엇이 일어나게 하다, 시작하거나 흥하게 만든다의 뜻을 가지고 있어. 질병 예방을 위해 우리 모두 올바른 손 씻기를 하자고.

서술어 친구들

비슷한 말 | 반대말

일으키다

- 세우다
- 야기하다
- 벌이다
- 무너지다
- 망하다
- 내려앉다

개념어랑 서술어랑

창설 + 일으키다

애국심 충전 !!!

나라를 위기에서 구한 이순신 장군, 임진왜란 때 의병을 일으켜 나라를 지키신 분들, 광복군을 창설하여 독립운동을 하신 분들! 나도 나라가 어려울 때 앞장서는 사람이 될 거야.

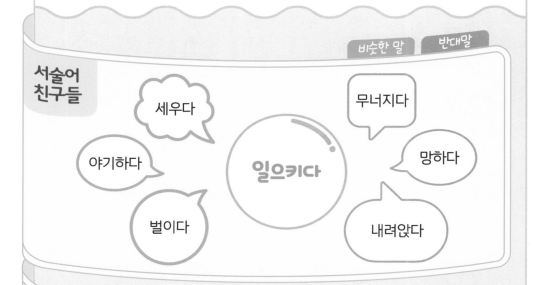

전시하다

미술 시간에 완성한 작품을 교실 뒤편 게시판에 걸어 두고 서로 감상하잖아. 그런 것을 '전시하다'라고 말하지? '전시하다'는 여러 가지 물품을 한곳에 벌여 놓고 보게 한다는 의미야.

비슷한 말 반대말

서술어 친구들

전시하다

선보이다

게시하다

전람하다

개념어랑 서술어랑

관람, 복원 + 전시하다

빈센트 반 고흐의 작품을 전시한다고 해서 미술관에 다녀왔어. 관람한 작품 중 『별이 빛나는 밤』이란 작품이 기억에 남아. 오랜 시간이 지나면서 손상된 작품도 있었을 텐데, 혹시 복원된 작품도 있었을까?

3. 지역의 공공 기관과 주민 참여

무엇을 배우나요?

3단원은 '(1) 우리 지역의 공공 기관'과 '(2) 지역 문제와 주민 참여'라는 소단원으로 이루어져 있어요. 먼저, 지역 주민의 생활에 도움을 주는 공공 기관의 의미, 역할, 구실 따위를 알아볼 거예요. 그리고 내가 살고 있는 지역에서 발생하는 문제를 인식하고 그 해결 방안도 찾아보는 활동을 해요.

개념어

반영 서명 노후화 발생 건의 여가 공청회

강화 갈등 공공 기관 공익 캠페인 정책

비용 방안 다수결 운행 제안 지역 문제

민원 수집 발급 타협 편의

검토 단속 운영 협력

서술어

참여하다 관리하다 조정하다 책임지다

23 갈등

개인이나 집단 사이에 처지나 이해관계가 달라 서로 적대시하거나 충돌을 일으킴

어휘교실

갈등은 이런 칡나무와
등나무의 모습을 보고
생긴 말이구나.

葛	藤
칡 **갈**	등나무 **등**

교과서 속 어휘찾기

- 지역 주민의 삶을 불편하게 하거나 지역 주민들 사이에 **갈등**을 일으키는 문제를 지역 문제라고 한다.
- 주차 공간이 부족한데 자동차 수가 매년 늘어나 주차 문제로 주민들 사이에 다툼과 **갈등**이 잦았다.

어휘친구를 부탁해! 갈등의 반대는 화해? 융화?

싸우고 난 뒤 화해를 하면 다시 사이가 좋아지니까, 갈등의 반대는 화해겠지?

'융화'라는 말이 있어. 서로 어울려 갈등 없이 사이좋게 어울린다는 뜻이지. 화해가 싸움을 멈춘 후라면, 융화는 처음부터 갈등 없이 지내는 거야.

싸운 뒤 화해하는 것도 좋지만, 싸움 없이 융화하여 지내는 것이 더 좋겠다냥!

냥냥이와 퀴즈대결

1. 다음 (   ) 안에 들어갈 알맞은 말은?

이웃 간에 주차할 곳이 없어 (   )이/가 생겼어요.

① 갈대 ② 갈치 ③ 갈등 ④ 갈색

2. 갈등을 해결하는 방법이 아닌 것은?

① 서로 양보하기
② 서로의 입장 이해하기
③ 서로 노려보기
④ 서로의 말에 귀 기울이기

알갓냥의 하루

24 강화

힘이나 세력을 더 강하고 튼튼하게 하거나 수준이나 정도를 더 높임

어휘교실

強	化
강할 **강**	될 **화**

교과서 속 어휘찾기

- 운전 중 휴대 전화 사용에 대한 단속을 **강화**하면 교통사고가 줄어들 것이다.
- 감시 카메라를 설치하여 학교 앞 불법 주정차 차량들에 대한 단속을 **강화**했다.
- 광종은 왕권 **강화**를 위해 과거 제도를 시행했다.

어휘친구를 부탁해!

강화의 반대말은 약화!

우리 집에서 엄마의 힘이 점점 강화되고 있다냥.

너희 집은 아빠의 의견이 더 강하다고 했잖아?

얼마 전, 아빠가 엄마 생일을 깜빡한 후부터 아빠의 목소리가 작아지고 있어. 힘과 세력이 약화되는 아빠를 보니 안쓰럽다냥!

냥냥이와 퀴즈대결

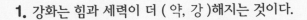

1. 강화는 힘과 세력이 더 (약, 강)해지는 것이다.

2. 강화의 반대말은?

① 중화　　② 약화　　③ 약과　　④ 악화

모르냥의 하루

25 건의

어떤 문제에 대해 개인이나 단체가 의견이나 희망을 내놓음

어휘교실

建	議
세울 **건**	의논할 **의**

교과서 속 어휘찾기

- 부산광역시 교육청은 대변초등학교 측의 **건의**에 따라 학교 이름을 '용암초등학교'로 변경했다.
- 지역 주민들의 서명을 받아 버스 정류장을 만들어 달라고 시청에 **건의**를 했다.

어휘친구를 부탁해!

건의와 의견은 뭐가 다른 거야?

도서관 게시판 색깔이 너무 어둡지 않아? 상큼한 초록색이 더 좋을 것 같다냥!

도서관에 건의해 볼까?

건의? 의견이라고 말해야 하는 거 아니냥?

어떤 현상에 대해 가지고 있는 생각이 '의견'이라면, 그 의견을 사람들에게 내놓는 것을 '건의'라고 해.

냥냥이와 퀴즈대결

1. 사람들의 의견을 듣기 위해 설치하는 것은?

① 우편함 ② 건의함 ③ 청소함 ④ 분리수거함

2. 학교 화장실 천장에서 물이 샌다면?

① 테이프로 붙인다.
② 학교에 건의한다.
③ 친구들과 함께 고친다.
④ 우산을 쓰고 다닌다.

머라냥의 하루

26 검토

어떤 사실이나 내용을 찬찬히 살피고 분석하여 잘 따져 봄

어휘교실

檢	討
검사할 **검**	칠 **토**

교과서 속 어휘찾기

- 모둠 친구들이 생각한 해결 방안을 **검토**하여 여섯 가지를 골라 본다.
- 도청에서는 우리가 제안한 일을 **검토**하여 실행한다.
- **검토**가 끝나는 대로 결과를 발표할 예정이다.

어휘친구를 부탁해!

검토? 검사? 어떻게 다르지?

모둠에서 각자 맡은 부분 해 왔지? 제대로 되었는지 검사해 보자.

제대로 되었나 함께 찬찬히 살피는 건 검토라고! 검사는 선생님께서 하실 일이고.

칫! 따지기는!

뜻이 달라지니 제대로 말해야지. '검사'는 옳고 그름이나 좋고 나쁨을 따져 판단하는 일을 뜻한다냥!

냥냥이와 퀴즈대결

1. 어떤 사실이나 내용을 분석하여 따지는 것을 '검토'라고 한다. (O, X)

2. 다음 중 검토할 필요가 없는 것은?

① 제품이 잘 만들어졌는지　　② 계산이 맞는지

③ 계획이 잘 세워졌는지　　④ 친구네 냉장고 안 식재료

알갓냥의 하루

27 공공 기관

개인이 아닌 주민 전체의 이익을 위한 장소 가운데 생활의 편의를 위해 국가나 지방 자치 단체가 세우거나 관리하는 곳

어휘교실

公	共	機	關
공평할 공	한가지 공	틀 기	관계할 관

교과서 속 어휘찾기

- **공공 기관**은 지역의 여러 사람과 관계된 일들을 맡아서 처리하고, 주민들이 안전하고 편리하게 생활할 수 있도록 도와준다.
- **공공 기관**이 없다면 지역의 문제를 해결하기 어렵다.
- 물건을 배달하는 일을 하는 **공공 기관**은 우체국이다.

어휘친구를 부탁해!

공공 기관? 공공장소?

영화관은 사람들이 함께 이용하는 곳이니 공공 기관이지?

공원, 대중교통, 개인의 이익을 위한 시설(백화점, 영화관, 마트 따위)은 공공 기관이 아니라 공공장소라고 해.

아하! 그럼 영화관은 공공 기관이 아니라 공공장소겠구나.

냥냥이와 퀴즈대결

1. 주민 전체의 이익과 생활의 편의를 위해 국가나 지방 자치 단체가 세운 곳은?

① 공공칠빵　② 공사장　③ 공부방　④ 공공 기관

2. 다음 중 공공 기관은?

① 우리 집　② 보건소　③ 마트　④ 영화관

머라냥의 하루

28 공익

사회 전체의 이익

어휘교실

요즘 금연
광고를 많이
하더라고.
기업의 이익이 아닌
사회 전체를 생각하는
공익 광고도 많지.

公	益
공평할 **공**	더할 **익**

교과서 속 어휘찾기

- 소방서처럼 우리 지역에는 **공익**을 위해 주민의 생활에 도움을 주는 공공 기관이 있다.
- 우리 지역 문제를 해결하기 위한 **공익** 광고를 만들어 본다.

어휘친구를 부탁해!

공익의 반대는 사익?

모두가 행복하려면 항상 공익을 먼저 생각해야겠지?

하지만 공익을 위해 개인의 이익을 무조건 희생하는 건 옳지 않다고 생각해. 전체의 이익도 중요하지만, 사익도 존중해야 하지 않을까?

그래도 공익이 중요하잖아. 우선 우리가 함께 행복할 수 있도록 너의 용돈을 희생하면 어떠냥?

냥냥이와 퀴즈대결

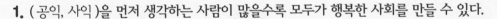

1. (공익, 사익)을 먼저 생각하는 사람이 많을수록 모두가 행복한 사회를 만들 수 있다.

2. 공익 광고로 적합하지 않은 것은?

① 대화 예절 광고　　② 환경 보호 광고

③ 금연 광고　　④ 치킨 광고

예뽀냥의 하루

내 사진을 거리 곳곳에 붙여 놓을까 해.
빙글
아니, 왜, 그런 짓을…….
흠칫!
사람들의 기분이 좋아지도록 공익을 위해서 봉사하는 거지.
올해 들은 이야기 중 가장 황당하다냥.

29 공청회

국회나 행정 기관, 공공 단체가 중요한 정책을 결정하기 전에 관련 있는 사람들에게 의견을 듣는 제도

어휘교실

네가 공청회에 왜 가냥?
놀이터 환경 개선 공청회
내가 놀이터에 관해서는 전문가라고.

公	聽	會
공평할 공	들을 청	모일 회

교과서 속 어휘찾기

- **공청회**는 정책을 결정하기 전에 전문가, 주민 등 다양한 사람들이 모여 의견을 나누는 공개 회의이다.
- **공청회**에 참여한 전문가와 지역 주민들이 모여 지역에 관한 의견을 나눈다.

공청회? 청문회? 둘 다 낯설어!

공청회도 어려운데 청문회는 또 뭐야?

'청문회'는 증인, 참고인, 감정인에게 필요한 증언을 듣는 제도야. 공청회는 참고 의견을 듣는 것이어서 강제적이지 않고 처벌하지 않지만, 청문회는 증거를 찾는 것이어서 강제력을 행사할 수도 있어.

공청회는 가 보고 싶지만, 청문회는 가 보고 싶지 않다냥!

냥냥이와 퀴즈대결

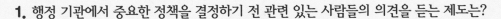

1. 행정 기관에서 중요한 정책을 결정하기 전 관련 있는 사람들의 의견을 듣는 제도는?

① 반상회　　② 전교 어린이회　　③ 공청회　　④ 동창회

2. (공청회, 청문회)는 증거를 찾는 것이어서 강제력을 행사할 수도 있다.

괜찮냥의 하루

30 노후화

오래되거나 낡고 약해져 쓸모가 없게 됨

어휘교실

老	朽	化
늙을 로(노)	썩을 후	될 화

교과서 속 어휘찾기

- 지역에서 발생할 수 있는 문제에는 소음 문제, 환경 오염 문제, 주택 **노후화** 문제, 안전 문제, 주차 문제, 시설 부족 문제들이 있다.
- **노후화**된 차량은 사고의 위험이 있으므로 꾸준히 점검을 받아야 한다.

어휘친구를 부탁해! **노후화에서 '후'를 빼면 노화?**

우리 집 건물은 너무 노후화되었어. 나도 점점 노후화되고 있고.

너는 노후화가 아니라 노화되는 거겠지. 생물이나 그 기관이 시간의 흐름에 따라 자연스럽게 기능이 약해지는 현상을 '노화'라고 하니까 말이야.

흑흑, 노화는 싫다냥! 난 계속 젊게 살고 싶단 말이야.

냥냥이와 퀴즈대결

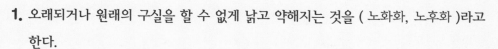

1. 오래되거나 원래의 구실을 할 수 없게 낡고 약해지는 것을 (노화화, 노후화)라고 한다.

2. 다음 중 가장 노후화된 것은?

① 어제 산 신발 ② 오늘 산 가방
③ 내일 살 바지 ④ 20년 전 산 자동차

어쩌냥의 하루

31 다수결

회의에서 많은 사람의 의견에 따라 안건의 찬성과 반대를 결정하는 일

어휘교실

多	數	決
많을 다	셈 수	결단할 결

교과서 속 어휘찾기

- 다양한 의견을 하나로 모을 때는 투표를 하기도 한다. 많은 사람이 원하는 것으로 결정하는 **다수결**의 원칙을 따르되 소수의 의견도 존중해야 한다.
- 대화와 타협의 과정을 충분히 거친 후 다양한 의견을 하나로 모으기 위해 **다수결**의 원칙을 따르기도 한다.

이미 다수결로 정했잖아. 그러니 무조건 따라야지.

다수의 사람이 찬성한 의견이라고 꼭 옳은 건 아니야. 한두 명의 의견도 귀하게 생각해야지. 소수의 의견도 존중해야 모두가 따를 수 있는 결정이 된다고 생각해.

그럼 평소에도 내 의견에 귀 좀 기울여 줄래?

냥냥이와 퀴즈대결

1. 많은 사람의 의견에 따라 일을 결정하는 것은?

① 다수결의 원칙 ② 다람쥐의 원칙 ③ 다섯 개의 원칙 ④ 다 아는 원칙

2. 가정에서 다수결로 결정할 수 <u>없는</u> 것은?

① 저녁 메뉴 ② 보고 싶은 영화 ③ 하고 싶은 놀이 ④ 가족 구성원

예뽀냥의 하루

32 단속

규칙이나 법, 명령 따위를 지키도록 통제함

어휘교실

團	束
둥글 **단**	묶을 **속**

교과서 속 어휘찾기

- 교통사고를 조사하고, 신호를 지키지 않는 차를 **단속**한다.
- 경찰은 불법으로 주차한 차를 **단속**하거나, 도둑을 잡는 일부터 더 큰 범죄 문제를 해결하는 일까지 하며 도시의 평화를 지킨다.

어휘친구를 부탁해!

단속과 같은 뜻의 말, 취체

'취체'라는 말 들어 봤어?

취체? 처음 들어 보는 말이야.

어제 국어사전을 찾다가 알게 된 어휘야. 단속이랑 뜻이 같더라고. "사고가 나지 않게 취체를 철저하게 하세요!" 어때?

어! 좀 있어 보인다냥!

냥냥이와 퀴즈대결

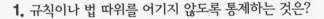

1. 규칙이나 법 따위를 어기지 않도록 통제하는 것은?

① 단속 ② 단단 ③ 단밤 ④ 단체

2. 다음 중 단속해야 하는 것이 아닌 것은?

① 과속(정해진 속도보다 빠른 속도) ② 음주 운전

③ 안전벨트 미착용 ④ 바른 주차

어쩌냥의 하루

33 민원

주민이 시청, 구청 따위의 행정 기관에 원하는 바를 요구하는 일

어휘교실

너무 위험해 보여.
안전을 위해 민원을 넣어야겠어.

民	願
백성 **민**	원할 **원**

교과서 속 어휘찾기

- '자유 게시판'이나 '**민원** 사례'에서 주민들이 어떤 도움을 받고 있는지 살펴본다.
- 도청 공무원은 **민원**을 어떻게 해결하는지 알아본다.
- 구청 **민원**실에서 지역 주민들의 요청을 처리하는 모습을 본다.

어휘친구를 부탁해!

민원은 민원실로!

밤늦게까지 공사하는 소리에 잠을 잘 수가 없었어. 민원을 넣어야겠어. 어디로 가야 하냥?

구청에 가면 어떨까? 관공서에서 민원 사무를 처리하는 부서인 민원실에 가 보면 좋을 것 같아.

민원실은 처음이라, 같이 가면 안 되냥?

냥냥이와 퀴즈대결

1. 주민이 행정 기관에 원하는 바를 요구하는 일은?

① 민원 ② 소원 ③ 애원 ④ 만 원

2. 민원의 종류로 적당하지 않은 것은?

① 횡단보도 설치 ② 버스 노선 변경

③ 우리 집 청소 ④ 거리에 쓰레기통 설치

알갓냥의 하루

34 반영

다른 것에 영향을 받아 어떤 현상이 나타남

어휘교실

야호! 새 놀이기구가 생겼어!
우리의 의견이 반영되었군.

反	映
돌이킬 **반**	비칠 **영**

교과서 속 어휘찾기

- 지역 주민들이 지역 문제에 관심을 가지고 해결 과정에 참여할 때 공공 기관은 주민들의 의견을 잘 **반영**할 수 있다.
- 지역 문제를 직접 겪고 있는 주민들의 의견을 정책에 **반영**하면 좋은 해결 방안이 나올 수 있다.

어휘친구를 부탁해! 반영과 번영, 점 하나 차이로 완전 다른 뜻?

글씨 좀 바르게 써. 반영이라고 쓴 거야, 번영이라고 쓴 거야?

반영이나 번영이나. 글씨도 비슷하니 뜻도 비슷한 거 아니냥?

'번영'은 번성하고 발전하여 영화롭게 된다는 뜻인데, 어떻게 반영이랑 같냐?

점 하나로 뜻이 완전히 달라지네. 글씨를 바르게 씁시다!

냥냥이와 퀴즈대결

1. 다른 것에 영향을 받아 어떤 현상이 나타나는 것은?

① 반성 ② 반장 ③ 반영 ④ 반짝

2. 학교에서 반영해 줄 수 있는 학생들의 의견은?

① 항상 체육만 하게 해 주세요. ② 도서관을 넓혀 주세요.

③ 급식으로 피자와 햄버거만 주세요. ④ 오락실을 설치해 주세요.

머라냥의 하루

35 방안

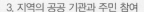

어떤 문제를 처리하거나 해결하여 나갈 방법이나 계획

어휘교실

方	案
모 **방**	책상 **안**

교과서 속 어휘찾기

- 다양한 해결 **방안**이 제시되면 각각의 장단점을 비교하여 가장 적절한 **방안**을 선택한다. 주민들이 스스로 할 수 있는 일인지, 공공 기관과 협조해야 할 일인지도 따져 본다.
- 문제 해결 **방안**을 결정할 때 개선안도 찾아 놓는다.

어휘친구를 부탁해!

방안과 방법은 다른가?

해결 방법, 해결 방안? 두 어휘는 다른 거냥?

'방법'은 어떤 일을 해 나가거나 목적을 이루기 위하여 취하는 수단이라는 뜻이니, 큰 차이 없이 사용해도 될 것 같아. 방도, 방식 따위도 모두 비슷한 의미를 가지고 있어.

비슷한 듯 다른 듯한 어휘들이 무척 많네. 더 열심히 익혀야겠다냥!

냥냥이와 퀴즈대결

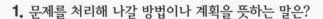

1. 문제를 처리해 나갈 방법이나 계획을 뜻하는 말은?

① 방석 ② 방학 ③ 방안 ④ 방울

2. 어려운 일을 헤쳐 나가는 가장 좋은 방안은?

① 해결하기 위해 스스로 노력하기 ② 무조건 엄마에게 물어보기

③ 모른 척 생각 안 하기 ④ 친구의 결정에 따르기

괜찬냥의 하루

36 발급

증명서 따위의 문서를 발행하여 줌

어휘교실

發	給
필 발	줄 급

교과서 속 어휘찾기

- 행정 복지 센터에서는 각종 서류를 **발급**해 준다.
- 행정 복지 센터는 전입 신고, 주민 등록증 **발급** 따위의 업무를 담당하며, 도움이 필요한 주민들을 지원한다.

어휘친구를 부탁해! 발급은 '발급하다'와 '발급되다'로 활용해!

야호! 다음 달에 해외여행 가게 되어 시청에서 여권을 신청했다냥!

오! 좋겠다. 난 아직 여권이 없는데.

여권이 발급되면 보여 줄게. 그런데 발급하는 거랑 발급되는 것의 차이는 뭐야?

'발급하는' 건 증명서를 발행하여 주는 것이고, '발급되는' 건 발행되어 주어진 걸 말해. 우리 말은 '하다'와 '되다'로 의미가 조금씩 달라지는 말들이 있어. 그나저나 나도 여행 가고 싶다냥!

냥냥이와 퀴즈대결

1. 증명서 따위를 발행해 주는 것을 뜻하는 말은?

① 발냄새 ② 발레 ③ 발급 ④ 발사

2. 다음 중 발급받을 수 없는 것은?

① 도서 대출증 ② 학생증 ③ 시험 답안지 ④ 은행 카드

어쩌냥의 하루

37 발생

어떤 현상이나 사물이 새로 생겨남

어휘교실

이상한 사건 발생! 내 물건이 자꾸 없어진다냥.
주머니에 물건을 너무 많이 넣으니 그렇지!

發	生
필 **발**	날 **생**

교과서 속 어휘찾기

- 우리가 사는 지역에는 다양한 문제가 **발생**할 수 있다.
- 우리 지역에서 **발생**하는 문제를 찾아서 어떻게 해결할 수 있을지 이야기해 본다.

어휘친구를 부탁해! 발생과 파생, 차이를 알려 줄게!

부모님이 다투셨어. 덕분에 이틀째 배달 음식을 먹고 있다냥.

부부 싸움이 발생하여 이런 문제가 파생되었구나.

파생?

'파생'은 사물이나 현상이 어떤 근원으로부터 갈려 나와 생겼다는 뜻이야. 너의 건강을 위해 아무쪼록 빨리 화해하시길.

난 배달 음식 좋은데?

냥냥이와 퀴즈대결

1. 어떤 현상이나 사물이 새로 생겨나는 것은?

① 발생 ② 학생 ③ 인생 ④ 즐생

2. 화재 발생 시 하면 안 되는 행동은?

① "불이야" 외치기 ② 불난 집에 부채질하기

③ 계단을 이용해 대피하기 ④ 119에 신고하기

머라냥의 하루

38 비용

물건을 사거나 어떤 일을 하는 데 드는 돈

어휘교실

費 쓸 비

用 쓸 용

교과서 속 어휘찾기

- 주민들은 적은 **비용**으로 이용할 수 있는 다양한 취미 교실을 연다.
- 다양한 해결 방안이 제시되면 각 해결 방안의 장점과 단점, 필요한 **비용** 따위를 고려하여 가장 적절한 방안을 선택한다.

어휘친구를 부탁해! 비용은 자주 사용하지만 비발은 처음 듣지?

어떤 일을 하는 데 드는 돈이라고 하면 모두 비용을 생각하지? 그런데 '비발'이라는 어휘가 있어.

비발? 처음 듣는 말인데. 사투리야?

우리가 잘 사용하지 않지만, 비발도 비용과 같은 뜻을 가진 표준어야. 기억하는 데 비용이 드는 것도 아닌데, 알아 두면 좋잖냥!

냥냥이와 퀴즈대결

1. 어떤 일을 하는 데 드는 돈은?

① 비상금　② 비용　③ 용돈　④ 저축

2. 다음 중 비용이 들지 <u>않는</u> 일은?

① 새 신발 사기　② 새 가방 사기　③ 새 옷 사기　④ 친구에게 인사하기

어쩌냥의 하루

39 서명

책임을 분명하게 하기 위하여 문서 따위에 자기 이름을 써넣은 것

어휘교실

내 방 청소는
내가 하겠습니다!
어쩌냥
서명까지 야무지게 하셨군.

署	名
마을 **서**	이름 **명**

교과서 속 어휘찾기

- **서명** 운동을 할 때에는 지역 문제 해결의 필요성을 알리고 지역 주민들의 의견을 모은다.
- 지역 문제 해결을 요구하는 **서명** 운동에 참여한다.

어휘친구를 부탁해! 서명과 사인, 뭐가 다른 거야?

선생님께서 가정 통신문에 부모님 서명을 받아 오라는데, 엄마께서 사인을 해 주셨어.

서명이나 사인이나 부모님께서 직접 해 주셨으면 상관없어. '사인'은 자기만의 독특한 방법으로 자신의 이름을 적는 것이니 둘 다 괜찮다냥.

나도 멋진 사인을 만들어 볼까?

냥냥이와 퀴즈대결

1. 서명이라고 되어 있는 곳에 써야 하는 것은?

① 친구 이름　② 반려동물 이름
③ 자기 이름　④ 좋아하는 캐릭터 이름

2. 서명이 반드시 필요한 것은?

① 독서 감상문　② 편지　③ 일기　④ 개인 정보 동의서

알갓냥의 하루

40 수집

취미나 연구를 위하여 여러 가지 물건이나 재료를 찾아 모음. 또는 그 물건이나 재료

어휘교실

蒐	集
모을 **수**	모을 **집**

교과서 속 어휘찾기

- 해결할 지역 문제를 확인하면, 먼저 지역 문제와 관련된 여러 가지 자료를 **수집**해야 한다. **수집**한 자료들을 분석하면 지역 문제의 원인을 찾을 수 있다.
- 다양한 자료를 **수집**하여 정리하면 문제가 발생한 원인을 파악할 수 있다.

어휘친구를 부탁해!

수집? 채집? 어떻게 다를까?

각자 맡은 자료들 채집해 왔지?

채집이라니! '채집'은 자연 상태의 동식물이나 곤충 따위를 널리 찾아서 모으거나 캐서 모은다는 뜻이야. 곤충 채집, 들어 봤지? 자료는 채집이 아니라 수집이다냥!

어쩐지 어색하더라. 하하! 그래도 다들 제대로 자료 수집해 왔지?

냥냥이와 퀴즈대결

1. 취미나 연구를 위하여 여러 가지 물건이나 재료를 찾아 모으는 것은?

① 수집　② 엿집　③ 닭똥집　④ 밥집

2. 수집이 어울리는 경우는?

① 합창단원을 모을 때　② 쓰레기를 모을 때

③ 위인들의 자료를 모을 때　④ 관심을 끌어모을 때

머라냥의 하루

내가 수집한 머리핀들이야. 예쁘지?
자! 오다 주웠다.
짠
혹시 나 좋아하는 거?
뭐라냥. 진짜 오다가 주웠는데….

41 여가

일이 없어 남는 시간

어휘교실

餘	暇
남을 **여**	틈 **가**

교과서 속 어휘찾기

- 주민들이 공원에서 **여가** 시간을 보내고 있다.
- 행정 복지 센터에서는 다양한 강좌를 운영해 주민들의 **여가** 활동을 돕고 있다.
- **여가** 시간의 증가로 관광객이 늘고 있다.

어휘친구를 부탁해! 여가 대신 레저라는 말도 많이 사용해!

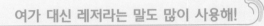

이번에 묵은 숙소에는 레저 시설이 많았어. 숙소 내에 탁구장, 오락실, 노래방도 있어서 다양하게 즐길 수 있었지.

정말 다양하네. 그런데 여가 시설이라고 하면 되지, 왜 굳이 외국어를 사용해?

여행을 해외로 다녀왔더니 영어가 익숙하네. 하하! 그리고 요즘 레저라는 말도 많이 사용한다냥!

냥냥이와 퀴즈대결

1. 일이 없어 남는 시간은?

① 여보 ② 여름 ③ 여가 ④ 여기

2. 여가 생활이라고 할 수 <u>없는</u> 것은?

① 회사에서 일하기 ② 누워서 텔레비전 보기

③ 음악 들으며 책 읽기 ④ 친구 만나 이야기하기

예뻐냥의 하루

42 운영

어떤 대상을 관리하고 운용하여 나감

어휘교실

반장선거
여러 친구들의 의견을 모아
학급을 잘 운영하겠다냥!

運	營
옮길 운	경영할 영

교과서 속 어휘찾기

- 소방서는 어린이와 주민들이 재난을 체험할 수 있는 소방 현장 체험 교실을 운영한다.
- 박물관은 다양한 예술품이나 역사 자료를 전시하고, 체험 교실을 운영한다.

어휘친구를 부탁해! 운영? 운용?

'운영'은 어떤 대상을 관리하고 운용하여 나간다는 뜻이라는데, 운용이 뭐냥?

'운용'이란 무엇을 움직이게 하거나 쓰임새에 따라 부리어 쓴다는 뜻이야. 그러므로 운영이란 어떤 대상을 관리하고 움직이게 한다는 뜻이겠지?

어휘 공부를 하다 보면 풀이된 뜻 속의 어휘도 공부해야 할 때가 있어서 힘들어.

냥냥이와 퀴즈대결

1. 어떤 대상을 관리하고 운용하여 나가는 것은?

① 운영 ② 운명 ③ 운동 ④ 운전

2. 학교의 운영 방침으로 적당하지 <u>않은</u> 것은?

① 학생이 행복한 학교 ② 학생이 즐거운 학교

③ 학생이 건강한 학교 ④ 학생이 괴로운 학교

괜찮냥의 하루

43 운행

정해진 길을 따라 차량 따위를 운전하여 다님

어휘교실

運	行
옮길 운	다닐 행

교과서 속 어휘찾기

- 시내버스의 **운행** 간격을 늘릴 예정이다.
- 설문 조사 결과 마을버스 노선을 연장 **운행**하기로 하였다.
- 눈길에서 과속 **운행**은 위험하다.

어휘친구를 부탁해!

운행과 운항? 어떻게 다를까?

태풍이 심해서 비행기 운행이 정지되었대.

그건 운항이라고 해야지. '운행'은 차량 운전에 주로 사용하고, 비행기나 배가 정해진 항로를 오고 가는 건 '운항'이라고 한다냥!

그럼 비행기 운항이 정지되었다고 해야 하는구나.

냥냥이와 **퀴즈대결**

1. 정해진 길을 따라 차량 따위를 운전하여 다니는 것은?

① 운행　② 산책　③ 마라톤　④ 주차

2. '운행'이라는 어휘와 어울리지 <u>않는</u> 교통수단은?

① 자전거　② 버스　③ 택시　④ 지하철

어쩌냥의 하루

44 정책

정치적인 목적을 실현하거나 사회적인 문제를 해결하기 위하여 취하는 방침이나 수단

어휘교실

政 정사 **정**

策 꾀 **책**

교과서 속 어휘찾기

- **정책**을 결정하기 전에 전문가, 주민 따위의 다양한 사람이 모여 의견을 나누는 공청회에 참여한다.
- 주민들의 의견을 다양한 **정책**에 반영해야 한다.

어휘친구를 부탁해! 정책? 정치? 모두 어른들의 말 같아!

대통령 선거가 있어서인지 정책과 정치라는 어휘가 텔레비전에 많이 나오더라.

'정치'는 나라를 다스리는 일이라는 뜻이야. 국민이 인간다운 삶을 살 수 있도록 사회 질서를 바로잡는 역할을 해.

그럼 정책은 뭐냥?

'정책'은 정치적 목적을 실현하기 위한 방법 같은 거야. 그래서 정치인들은 바른 정책을 펼치고 바른 정치를 하기 위해 노력해야 하는 거지.

냥냥이와 퀴즈대결

1. 정치적인 목적을 실현하거나 사회적인 문제 해결을 위한 방침이나 수단은?

① 정주행 ② 정말로 ③ 정책 ④ 정지

2. 다른 나라와 물건 사고파는 것을 허용하는 것을 (개방, 폐쇄) 정책이라고 한다.

모르냥의 하루

45 제안

어떤 안이나 의견을 내어놓음

어휘교실

친구가 영화 보러 가자고 제안했어.
그런 제안은 언제나 좋다냥.

提	案
끌 **제**	책상 **안**

교과서 속 어휘찾기

- 다른 친구들이 발표한 우리 지역의 문제 중 관심 있는 문제를 하나 정해 또 다른 해결 방안을 **제안**해 본다.
- 지역 주민은 공공 기관이 지역 문제 해결에 적극 나설 수 있게 해결 방안을 **제안**하고 함께 노력해야 한다.

어휘친구를 부탁해! 제안은 건의와 뭐가 다르지?

우리 엄마가 제안은 해도, 건의는 하지 말라고 하셨어. 도대체 무슨 말이냥?

'건의'는 무슨 일을 어떻게 해 달라고 요구하는 것이고, '제안'은 이렇게 하면 더 좋을 거라고 생각을 알리는 거야. 즉, 너의 생각을 말하긴 하되 뭘 해 달라고 하진 말라는 말씀이신 것 같아.

아! 그렇게 깊은 뜻이…….

냥냥이와 퀴즈대결

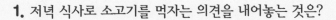

1. 저녁 식사로 소고기를 먹자는 의견을 내어놓는 것은?

① 제안　② 강요　③ 약속　④ 찬성

2. 환경 보호를 위한 제안이 <u>아닌</u> 것은?

① 쓰레기 분류 배출　② 쓰레기 종량제 봉투 사용

③ 대중교통 이용　④ 장바구니 대신 비닐봉지 이용

괜찮냥의 하루

46 지역 문제

지역 내에서 주민의 생활을 불편하게 하거나 주민들 사이에 갈등을 일으키는 문제

어휘교실

地	域	問	題
땅 **지**	지경 **역**	물을 **문**	제목 **제**

교과서 속 어휘찾기

- **지역 문제**에는 교통 혼잡 문제, 환경 오염 문제, 안전 문제, 쓰레기 무단 투기 문제 따위가 있다.
- 지역 주민들은 주민 투표, 주민 제안, 서명 운동 따위를 통해 **지역 문제** 해결에 참여할 수 있다.

거리의 쓰레기를 왜 처리하지 않는 거지? 시청에 신고해야겠다냥.

이런 건 주민 모두가 노력해야 돼. 지역 주민이 중심이 되어 지역 문제를 발견하고 해결하는 과정에 참여하는 주민 참여의 자세가 필요하다고.

누가 해결해 주길 바라기보다 쓰레기를 버리지 않으려는 주민 참여가 필요한 일이구나.

냥냥이와 퀴즈대결

1. 지역 문제가 <u>아닌</u> 것은?

① 교통 혼잡 문제 ② 환경 오염 문제

③ 소음 문제 ④ 엄마의 요리 실력 부족 문제

2. 지역 문제를 해결하기 위해서는 주민 참여가 필요하다. (O, X)

알갓냥의 하루

47 캠페인

사회·정치적 목적 따위를 위하여 조직적이고도 지속적으로 행하는 운동

어휘교실

campaign

'camp'는 넓은 들판을 나타내며, 'campaign'은 대규모의 병력이 들판에서 움직이는 '군사 행동'에서 시작된 말이다.

교과서 속 어휘찾기

- 사람들에게 일회용품을 많이 사용하지 말자는 **캠페인**을 해야 한다.
- 버스 정류장을 청소하고 환경 개선을 위한 **캠페인**을 하였다.
- 쓰레기 무단 투기 금지 **캠페인**을 벌이고, 감시 카메라를 설치했다.

어휘친구를 부탁해! 캠페인을 대신할 수 있는 우리말은?

환경 보호 캠페인에 참여하려고 해.

환경 보호에 관심이 많구나? 나도 환경 보호 운동에 참여하고 있다냥.

캠페인과 운동이 같은 의미야?

체육 시간에 줄넘기를 하는 것처럼 몸을 움직이는 것을 '운동'이라고 하지만, '운동'은 어떤 목적을 이루려고 힘쓰는 활동이라는 뜻도 있다냥!

냥냥이와 퀴즈대결

1. 다음은 (교통안전, 환경 보호) 캠페인에 사용하면 어울리는 문구이다.

- 교통 신호를 잘 지킵시다!
- 학교 앞 서행

2. 참여하고 싶은 캠페인 활동을 쓰시오. (   )

예뻐냥의 하루

48 타협

어떤 일을 서로 양보하여 협의함

어휘교실

妥	協
온당할 **타**	화합할 **협**

교과서 속 어휘찾기

- 해결 방안을 결정하는 과정에서 서로의 생각이 다를 때는 대화와 **타협**으로 의견을 조정한다. 여러 의견 중 하나를 결정할 때는 투표를 하기도 한다.
- 소수의 의견도 존중하면서 대화와 **타협**으로 서로 다른 의견을 조정해 나가야 한다.

어휘친구를 부탁해! 타협하여 타결되었어!

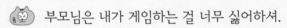

부모님은 내가 게임하는 걸 너무 싫어하셔.

부모님과 충분히 대화를 해 봐.

어떻게 되었냥?

숙제를 다 한 후에 30분씩 하는 걸로 극적 타결되었어. 의견 대립이 있었지만, 서로 조금씩 양보해서 마무리 지었지.

'타결'은 대립된 양편에서 서로 양보하여 일을 마무른다는 뜻이구나!

냥냥이와 퀴즈대결

1. 어떤 일을 서로 양보하여 협의하는 것을 (타협, 해결)이라고 한다.

2. 서로의 생각이 다를 때는 싸움과 타협으로 의견을 조정하여 알맞은 방안을 선택한다. (O, X)

알갓냥의 하루

49 편의

생활하거나 일하는 데 있어서 형편이나 조건 따위가 편하고 좋음

어휘교실

便	宜
편할 **편**	마땅 **의**

교과서 속 어휘찾기

- 주민 전체의 이익과 생활의 **편의**를 위해 국가나 지방 자치 단체가 세우거나 관리하는 기관을 공공 기관이라고 한다.
- 지역 주민들이 문제가 생겨 도움을 요청하면 해결해 주기도 하고, 주민들의 **편의**를 위해 다양한 서비스를 제공하기도 한다.

어휘친구를 부탁해!

편의와 편리? 어떻게 다를까?

편의와 편리는 진짜 뭐가 다른지 모르겠어. 예를 들어 주면 안 될까?

체육공원에 운동 시설이 부족한 것을 보고 운동 기구를 더 설치해 주었다면 그건 사람들의 편의를 생각한 거고, 운동 기구가 이용하기 쉬운 것들이라면 사용이 편리하다고 할 수 있지.

아! 이해가 쏙쏙 된다냥!

냥냥이와 퀴즈대결

1. 형편이나 조건 따위가 편하고 좋은 것을 뜻하는 말은?

① 최고 ② 편의 ③ 굿! ④ 좋아요.

2. 편의를 위한 노력이 아닌 것은?

① 노약자와 장애인 승강기 설치하기 ② 길거리 휴식 공간 만들기

③ 공중 화장실 확대하기 ④ 줄이 길면 새치기하기

모르냥의 하루

50 협력

특정한 목적을 달성하기 위하여 서로 힘을 합하여 도움

어휘교실

協	力
화합할 **협**	힘 **력(역)**

교과서 속 어휘찾기

- 공공 기관은 각각 하는 일이 정해져 있지만 때로는 다른 기관과 **협력**하여 일하기도 한다.
- 공공 기관은 상황에 따라 다른 기관과 **협력**하여 지역 주민들을 더욱 효과적으로 돕기도 한다.

어휘친구를 부탁해! 협력과 협동? 너무 비슷한 거 아니야?

우리 협력해서 이 그림을 멋지게 완성하자.

'협력'은 힘을 합해 서로 돕는 것이고, '협동'은 서로 마음과 힘을 하나로 합하는 것이니까, 우리 협동을 해야 한다냥!

난 그 차이를 잘 모르겠네?

협력은 각자 맡은 일만 잘 처리해서 과제를 해결하는 거라면, 협동은 서로 마음으로도 응원하며 함께 과제를 해결해 나가는 것 아닐까?

냥냥이와 퀴즈대결

1. 과제를 해결하기 위해 힘을 합하여 서로 돕는 사람은?

① 협력하는 사람 ② 협박하는 사람

③ 모르는 척 하는 사람 ④ 혼자만 하는 사람

2. 친구와 협력하면 좋은 일은?

① 교실 청소 ② 양치질 ③ 100 m 달리기 ④ 수학 시험

괜찮냥의 하루

냥냥이의 서술어 충전소

관리하다

학교 도서관에는 수많은 책을 관리해 주시는 사서 선생님이 계셔. 그것처럼 어떤 일의 사무를 맡아 처리하거나 시설을 유지하고 개량하는 일을 '관리하다' 라고 표현해.

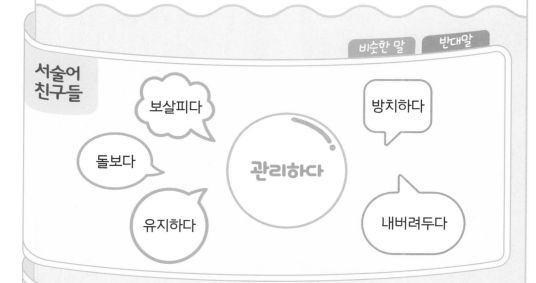

서술어 친구들

비슷한 말 / 반대말

관리하다

- 비슷한 말: 보살피다, 돌보다, 유지하다
- 반대말: 방치하다, 내버려두다

개념어랑 서술어랑

공공 기관, 노후화, 여가, 운영, 편의 + 관리하다

우리 동네에는 멋진 공공 기관인 도서관이 있어. 건축된 지 20년이 지났지만 잘 관리해서 노후화되지 않았어. 또 카페와 같은 다양한 편의 시설을 함께 운영하고 있어서 많은 사람들이 이곳에서 여가 시간을 보내기도 해.

조정하다

친구들과 다툼이 생길 때도 있잖아. 그럴 때 가운데에서 화해하게 하거나 서로 타협점을 찾도록 선생님께서 나서 주시지? 이럴 때 '조정하다'라는 말을 써. 선생님께서 둘의 사이를 조정해 주시는 거야.

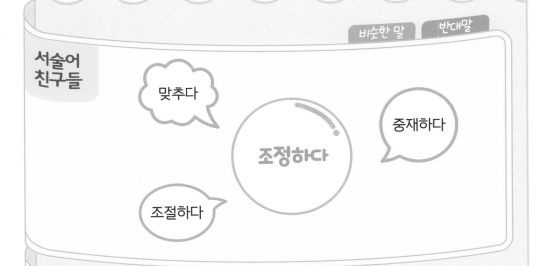

비슷한 말 반대말

서술어 친구들

조정하다

- 맞추다
- 중재하다
- 조절하다

개념어랑 서술어랑

갈등, 다수결, 발생 + 조정하다

층간 소음은 이웃 주민 간에 자주 발생하는 갈등 중 하나야. 이러한 갈등을 조정하기 위한 단체도 생겼어. 단순히 '위층의 잘못이냐', '아래층의 예민함이냐' 손들어 다수결로 잘잘못을 결정할 수는 없으니까.

참여하다

체육 시간, 아픈 곳이 있어서 활동을 하지 못한 채 앉아 있다 보면 같이 뛰고 싶은 마음이 간절해지지. 어떤 일에 끼어들어 관계하다라는 의미를 가진 '참여하다'란 말이 떠올라. "아프지만 나도 참여하고 싶다!"라고 외치고 싶은 마음이 큰가 봐!

서술어 친구들

비슷한 말 / 반대말

참여하다

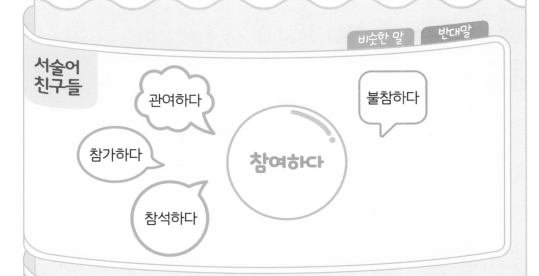

- 비슷한 말: 관여하다, 참가하다, 참석하다
- 반대말: 불참하다

개념어랑 서술어랑

공익, 공청회, 방안, 정책, 제안, 협력 + 참여하다

우리 지역 개발에 대한 공청회에 참여했어. 다양한 방안을 제안하는 모습이 인상적이었지. 공익을 위해 서로 협력하며 좋은 정책을 만들고 있으니, 더욱 살기 좋은 지역이 되겠지?

책임지다

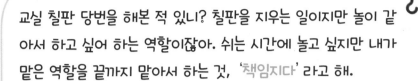

교실 칠판 당번을 해본 적 있니? 칠판을 지우는 일이지만 놀이 같아서 하고 싶어 하는 역할이잖아. 쉬는 시간에 놀고 싶지만 내가 맡은 역할을 끝까지 맡아서 하는 것, '책임지다'라고 해.

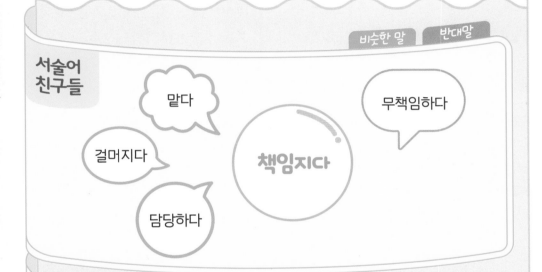

비슷한 말 반대말

서술어 친구들

책임지다

- 비슷한 말: 맡다, 걸머지다, 담당하다
- 반대말: 무책임하다

개념어랑 서술어랑

단속, 서명, 운행, 캠페인 + 책임지다

경찰서에서는 교통사고 예방을 위해 많은 노력을 해. 과속 운행 차량을 단속하고, 교통안전 캠페인도 펼쳐. 교통안전 실천 서명 운동도 하고 말이야. 우리의 안전을 책임지는 경찰관께 감사드리자.

정답

01	기호	1. ④	2. ①
02	노선도	1. ④	2. ①
03	등고선	1. ②	2. 높낮이
04	방위	1. ①	2. ④
05	산업	1. ①	2. ①
06	상점	1. ④	2. ②
07	중심지	1. 중심지	2. ①
08	지도	1. ×	2. ②
09	항공 사진	1. 항공	2. ①
10	행정	1. ④	2. ④
11	화폐	1. ④	2. ①
12	가상	1. ④	2. ③
13	건설	1. ①	2. ④
14	견학	1. ②	2. ○
15	관람	1. ②	2. ④
16	구성	1. ③	2. ②
17	문구	1. 문구	2. ③
18	복원	1. ④	2. ①
19	업적	1. 업적	2. ④
20	존경	1. ①	2. 예 세종대왕
21	창설	1. ④	2. 창설
22	토의	1. 토의	2. ②
23	갈등	1. ③	2. ③
24	강화	1. 강	2. ②
25	건의	1. ②	2. ②

26	검토	1. ○	2. ④
27	공공 기관	1. ④	2. ②
28	공익	1. 공익	2. ④
29	공청회	1. ③	2. 청문회
30	노후화	1. 노후화	2. ④
31	다수결	1. ①	2. ④
32	단속	1. ①	2. ④
33	민원	1. ①	2. ③
34	반영	1. ③	2. ②
35	방안	1. ③	2. ①
36	발급	1. ③	2. ③
37	발생	1. ①	2. ②
38	비용	1. ②	2. ④
39	서명	1. ③	2. ④
40	수집	1. ①	2. ③
41	여가	1. ③	2. ①
42	운영	1. ①	2. ④
43	운행	1. ①	2. ①
44	정책	1. ③	2. 개방
45	제안	1. ①	2. ④
46	지역 문제	1. ④	2. ○
47	캠페인	1. 교통안전	2. ㉔ 환경 보호 캠페인
48	타협	1. 타협	2. ×
49	편의	1. ②	2. ④
50	협력	1. ①	2. ①

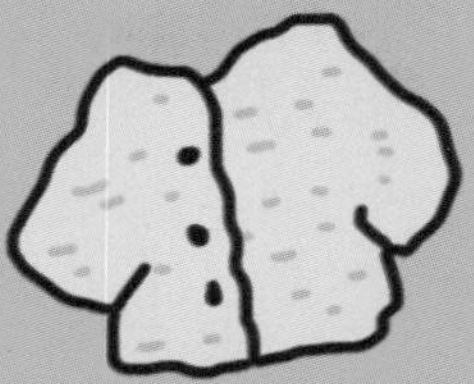

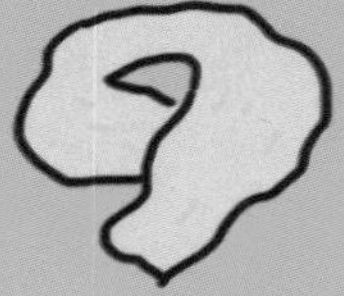

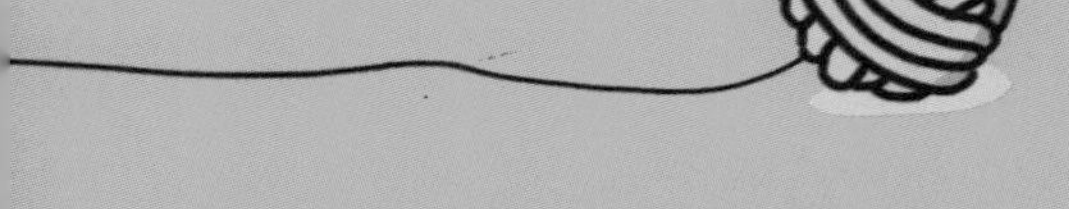

어휘로 사회 쏙 초등 4·1

1판 1쇄 펴냄 | 2023년 1월 5일

기 획 | 이은경
글 | 이은경·장순월
그 림 | 김재희
발행인 | 김병준
편 집 | 이현주·박유진
마케팅 | 김유정·차현지
디자인 | 김용호·권성민
발행처 | 상상아카데미

등록 | 2010. 3. 11. 제313-2010-77호
주소 | 서울시 마포구 독막로 6길 11(합정동), 우대빌딩 2, 3층
전화 | 02-6953-8343(편집), 02-6925-4188(영업)
팩스 | 02-6925-4182
전자우편 | main@sangsangaca.com
홈페이지 | http://sangsangaca.com

ISBN 979-11-85402-76-5 (64080)
979-11-85402-75-8 (64080) (세트)